WALKING GUIDE
VENECIA

WALKING GUIDE

VENECIA

ITINERARIOS A PIE

Joe Yogerst y Gillian Price

NATIONAL GEOGRAPHIC

WALKING GUIDE

VENECIA

SUMARIO

PÁG. 12 VISITAS RÁPIDAS

Pág. anterior: Piazzetta San Marco; pág. siguiente: pareja disfrazada por Carnaval; arriba: reloj de la torre del Arsenale; centro: Puente de Rialto; abajo: cáliz bizantino, Basílica de San Marco.

PÁG. 50 LOS SESTIERI DE VENECIA

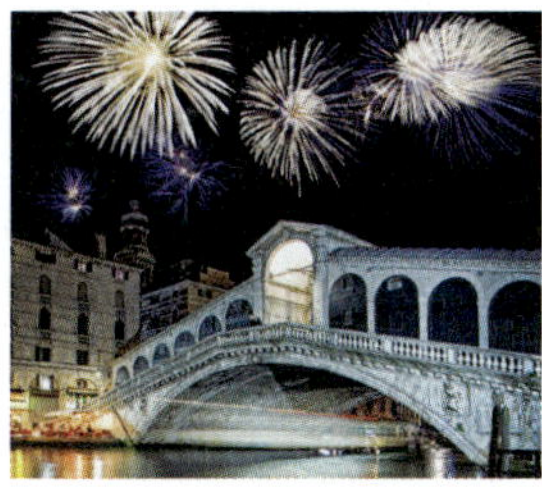

PARTE 3

PÁG. 170 CONSEJOS DE VIAJE

Introducción

Venecia, uno de los destinos más apreciados de Europa, se deja descubrir de forma diferente por cada visitante; así que ábrete a la magia de calles y canales desconocidos y sumérgete en sus historias. Venecia descansa sobre un antiguo sistema de canales fluviales, surcados por los *vaporetti* y góndolas que conectan los seis *sestieri* de la ciudad. Por supuesto, te moverás en barco, aunque con las lanchas motoras que hacen las veces de taxis los trayectos son cortos. De todos modos, la mejor forma de descubrir este laberinto de campanarios y palacios que surgen del agua es recorrerlo a pie. Venecia es frágil y ruinosa, pero orgullosa y majestuosa, como si fuera consciente del hechizo en el que envuelve a los visitantes. La primera vez que fui a Venecia tenía diecinueve años y desde entonces, cada vez que vuelvo, empiezo tomando un *espresso* en la Plaza San Marco. Desde allí, camino hasta el Puente de Rialto y deambulo por el mercado, donde estallan los sabores de los mejores productos italianos. Para comer, me dirijo a Santa Croce, que ofrece algunos de los mejores restaurantes de la ciudad. Por la noche, siempre me siento atraída por un Bellini de melocotón en el Harry's Bar. Para disfrutar al máximo de Venecia te recomiendo que hagas una lista de los lugares que quieres ver. Inspírate en esta guía para organizar tu itinerario y deja espacio para los descubrimientos que te encuentres por el camino, para descubrir lugares que nunca hayas imaginado. Las sorpresas nunca se acaban en Venecia. Ponte tus zapatos más cómodos y quizá nos encontremos por casualidad, cuando seas el siguiente visitante en caer bajo el hechizo de esta impresionante ciudad.

Una pareja disfruta de un paseo en góndola en un rincón tranquilo del Río dei Barcaroli, en el corazón de San Marco.

Annie Fitzsimmons

Colaboradora de la revista National Geographic Traveler

VISITAR VENECIA

Visitar Venecia

Los orígenes de Venecia se remontan al año 1000, cuando era poco más que una constelación de islas independientes. En el siglo XV, la República de Venecia era la primera potencia marítima y comercial de Europa Occidental. Hoy es una ciudad vibrante con escena cultural, que atrae a más de diez millones de turistas al año.

Venecia en pocas palabras

Construida sobre un grupo de islas en una laguna del Adriático, Venecia ocupa una superficie de solo 8 km². Con una compleja red de al menos 175 canales, cruzados por 400 puentes, la ciudad es una maraña de callejuelas, patios ocultos, recodos, giros y callejones sin salida. Cada uno de los seis distritos (*sestieri*) tiene su propia identidad. Frente al Gran Canal, San Marco y San Polo son los antiguos centros administrativos y mercantiles. Al norte de San Polo, Cannaregio era el antiguo barrio judío; Santa Croce, al oeste, posee las iglesias más bellas de Venecia. Al suroeste de San Marco, Dorsoduro es conocido por sus galerías de arte, mientras que Castello, al este, era el centro marítimo de la ciudad.

Venecia día a día

Abierto todos los días Con algunas excepciones en los días festivos, los monumentos y museos están abiertos todos los días.

Lunes Todo abierto excepto: Ca' Pesaro, Fondaco dei Turchi, La Pietà, Museo di Torcello, Palacio Grimani, Palacio Mocenigo, Palacio Querini Stampalia, Escuela Grande de San Marco y VizioVirtù Cioccolateria.

Martes Todo abierto excepto: Ca' Rezzonico, Colección Peggy Guggenheim, La Pietà, Museo Histórico Naval, Palacio Grassi, Procuradurías antiguas, Punta della Dogana.

Miércoles Todo abierto excepto La Pietà.

Jueves Todo abierto.

Viernes Todo abierto.

Sábado Todo abierto excepto: Arsenal, Museo Judío, Gianni Basso (por la tarde).

Domingo Todo abierto excepto: Arsenal, Iglesia dei Gesuati, Iglesia de San Giacomo dall'Orio, Iglesia de Santa Maria Formosa, Gianni Basso, Mercado de Rialto y Escuela Grande de San Marco.

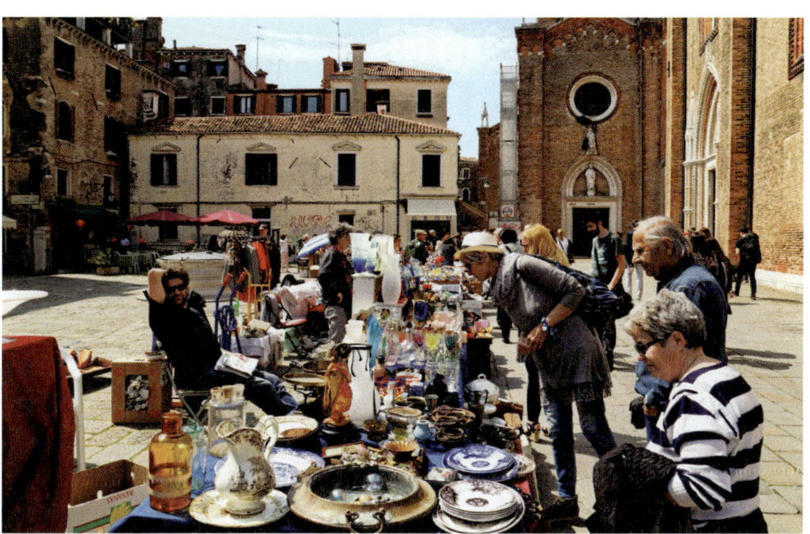

Buscando ofertas en el mercadillo de Campo dei Frari.

Cómo orientarse

Todos los lugares de interés están a poca distancia a pie fuera de las zonas de San Marco / Rialto, se está más tranquilo. Orientarse puede ser un problema: los numerosos canales y puentes pueden resultar confusos y es fácil perderse sin un mapa fiable (gratis en el hotel). Las aplicaciones Google Maps y Moovit también son muy útiles.Todo forma parte de la experiencia, así que relájate y déjate llevar. En Venecia no hay coches: los lugareños se mueven con el servicio público sobre el agua, normalmente los *vaporetti*, que llegan a toda la ciudad.

Venecia a bajo precio

Hay varios abonos con descuento para aprovechar la estancia. La oferta más amplia es el city pass **Venezia Unica** (ver pág. 175), que permite la entrada gratuita o reducida a muchos lugares de interés, evitando las colas. Se puede personalizar según tus necesidades al seleccionar transportes, monumentos y museos, con Wi-Fi incluido. El precio varía según la duración y los servicios incluidos. También puedes adquirir pases individuales, como el **Museum Pass** (ver pág. 175) o el **Chorus Pass** para las iglesias (ver pág. 176).

Cómo utilizar la guía

Cada itinerario, ya sea a pie o en transporte público, está indicado en un mapa y se ha planificado teniendo en cuenta los horarios de apertura. Muchos itinerarios terminan cerca de restaurantes o animadas discotecas donde podrás pasar una agradable velada.

Visitas rápidas

Ideal para quienes solo disponen de un día o un fin de semana y quieren ver lo mejor de lo mejor. Elige el itinerario en función de tu tiempo e intereses: «Un día»; «Un fin de semana» (Día 1 y Día 2); «Divertirse en Venecia»; «Por el Gran Canal»; «Para amantes del arte»; «Para *gourmets*»; «Con niños» (Día 1 y Día 2).

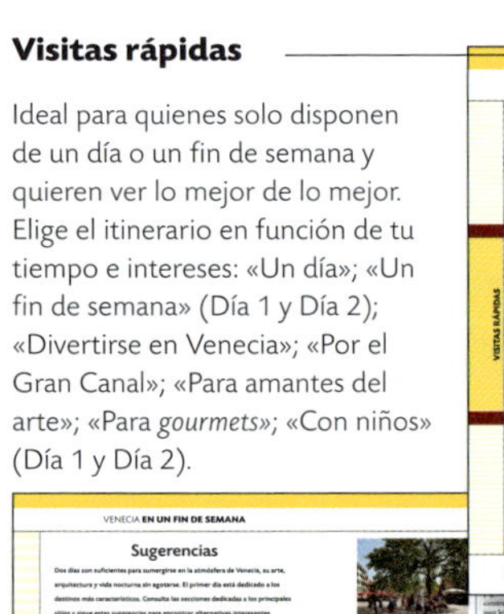

Sugerencias

Los itinerarios «Venecia en un día» y «Venecia en un fin de semana» ofrecen consejos con información específica sobre desvíos y lugares adicionales para visitar, cafeterías y restaurantes cercanos, así como ideas para adaptar el itinerario según tus intereses.

Descripción

En los itinerarios «Divertirse en Venecia», «Por el Gran Canal», «Para amantes del arte», «Para *gourmets*», «Con niños», hay secciones dedicadas a los principales lugares siguiendo los mapas, con descripciones precisas e información práctica.

Visitas a los barrios

Los seis capítulos dedicados a los barrios de Venecia se abren con una introducción, seguida de un mapa de itinerario que destaca las etapas y ofrece información detallada sobre los distintos lugares. Cada visita va seguida de una sección que profundiza en un lugar importante del recorrido, otra sobre las «peculiaridades» venecianas, que informa sobre un elemento característico del barrio, y otra que agrupa los mejores lugares por temas.

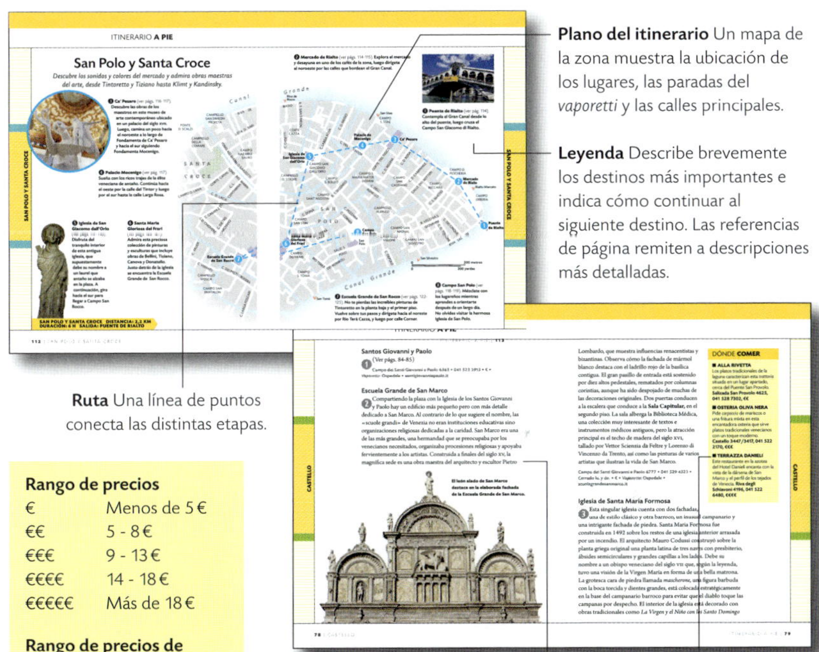

Plano del itinerario Un mapa de la zona muestra la ubicación de los lugares, las paradas del *vaporetti* y las calles principales.

Leyenda Describe brevemente los destinos más importantes e indica cómo continuar al siguiente destino. Las referencias de página remiten a descripciones más detalladas.

Ruta Una línea de puntos conecta las distintas etapas.

Descripción de los principales lugares Siguiendo el orden del itinerario, cada destino se describe detalladamente, con noticias, dirección, página web, n.° de teléfono, precio de la entrada, días de cierre y parada de *vaporetto* más cercana.

Dónde comer Esta sección indica una selección de cafeterías y restaurantes a lo largo de la ruta.

Rango de precios

€	Menos de 5 €
€€	5 - 8 €
€€€	9 - 13 €
€€€€	14 - 18 €
€€€€€	Más de 18 €

Rango de precios de «Dónde comer» y «Lo mejor» (por persona, bebidas no inluidas)

€	Menos de 15 €
€€	15 - 25 €
€€€	26 - 45 €
€€€€	46 - 60 €
€€€€€	Más de 60 €

PRIMERA PARTE

Visitas rápidas

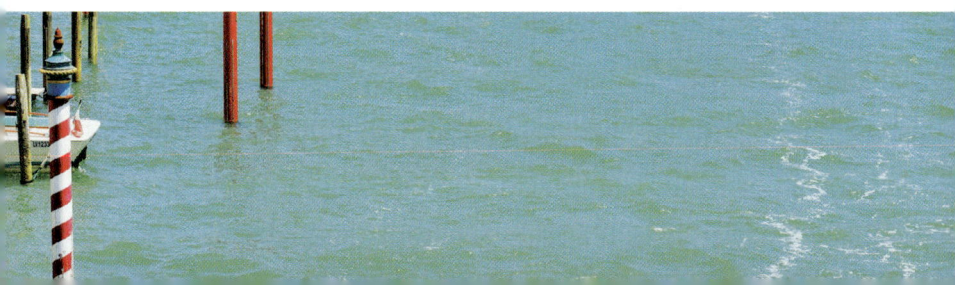

Venecia en un día

Explora Venecia desde el cielo, desde el agua y desde tierra con este recorrido por los lugares más fascinantes de la ciudad.

7 Ca' d'Oro (ver pág. 98). **Disfruta de la vista del Gran Canal desde el balcón de uno de los palacios más bellos de la ciudad. Desde el embarcadero de Ca' d'Oro, toma el *vaporetto* (línea 1) por el Gran Canal hasta San Marco-Vallaresso y camina por la calle Vallaresso.**

6 Puente de Rialto (ver pág. 114). **Cruza el legendario Puente de Rialto y sigue la curva del Gran Canal. Desde el embarcadero del Mercado de Rialto, súbete a un tradicional transbordador de madera y paga unos euros al gondolero para cruzar el canal.**

5 Galerías de la Academia (ver págs. 140-143). **Esta colección, con obras que van del arte bizantino al barroco, es una de las más importantes de Europa. Desde el embarcadero cercano a la entrada del museo, súbete a un *vaporetto* (línea 1 o 2) para recorrer el Gran Canal hasta la parada Rialto C.**

4 Zattere (ver pág. 136). **Detente a comer en uno de los cafés al aire libre de este famoso paseo antes de dirigirte hacia el interior por el río Terà Foscarini.**

VENECIA EN UN DÍA DISTANCIA: 8 KM APROX. DURACIÓN: 9 H APROX. SALIDA: PLAZA SAN MARCO

8 Harry's Bar (ver pág. 17). Termina el día con un cóctel Bellini en el bar más famoso de la ciudad (si tu presupuesto te lo permite). Alarga la velada o regresa a la Plaza San Marco por la Riva degli Schiavoni.

CANNAREGIO
STRADA NOVA
FONDAMENTE NOVE
Fondamente Nove
Rio dei Gesuiti
Rio dei Mendicanti
San Stae
7 Ca' d'Oro
Ca' d'Oro
Rio di San Cassiano
CAMPO DEI SANTI APOSTOLI
CAMPO BECCARIE
Mercato di Rialto
Rialto Mercato
CAMPO SANTI GIOVANNI E PAOLO
CAMPO SAN GIACOMO DI RIALTO
POLO
6 Puente de Rialto
Rialto
San Silvestro
CAMPO SANTA MARIA FORMOSA
CASTELLO
CAMPO SAN LUCA
CAMPO MANIN
SAN MARCO
Basílica de San Marco
CAMPO SAN ZACCARIA
CAMPO SANT' ANGELO
CAMPO SAN GALLO
Bacino Orseolo
PLAZA SAN MARCO
1
2 Palacio Ducal
Campanario de San Marco
San Zaccaria
CAMPO SAN MAURÍZIO
Harry's Bar 8
GIARDINI EX REALI
San Marco
Bacino di San Marco
Santa Maria del Giglio
Salute
Punta della Dogana
Collezzione Peggy Guggenheim
ISOLA DI SAN GIORGIO MAGGIORE
San Giorgio
3 Campanario de San Giorgio Maggiore
DELLE ZATTERE
Spirito Santo
0 400 metros
0 400 yardas

1 Basílica de San Marco (ver págs. 64-65). Admira los increíbles mosaicos y tesoros que se conservan en esta hermosa iglesia. Saliendo por la entrada principal, gira a la izquierda y pasa bajo el campanario mientras cruzas la Piazzetta San Marco, en dirección al mar.

2 Palacio Ducal (ver págs. 66-67). Sede de la autoridad suprema de Venecia durante más de 400 años, el Palacio Ducal es una obra maestra del gótico llena de tesoros. Camina hasta la primera parada del *vaporetto*, al este del palacio, y toma la línea 2 para cruzar la dársena de San Marco.

3 Campanario de San Giorgio Maggiore (ver pág. 90). Toma el ascensor hasta la cima del campanario para disfrutar de unas vistas espectaculares de Venecia y la laguna. Vuelve a subirte al *vaporetto* (línea 2), esta vez para llegar a Zattere.

Sugerencias

Para aquellos que solo tienen un día, este itinerario combina lo mejor de la Venecia histórica y cultural. Para descripciones más detalladas, consulta las referencias de las páginas de la guía. A continuación, encontrarás algunos consejos para ahorrar tiempo, indicaciones de lugares históricos y alternativas.

❶ **Basílica de San Marco** (ver págs. 64-65). El mejor momento para visitar este increíble complejo de cúpulas, agujas, arcos y columnas es por la mañana temprano. La basílica puede visitarse de 09:30 a 16:45 h, sujeto a variaciones litúrgicas. El museo de la basílica alberga los caballos de bronce originales de San Marco. Si la cola es demasiado larga, admira la fachada tomando un café en la plaza.

❷ **Palacio Ducal** (ver págs. 66-67). Si está abarrotado, limita tu visita a la ■ **SALA DEL MAGGIOR CONSIGLIO**, las opulentas ■ **CÁMARAS INSTITUCIONALES** y las infames ■ **PRISIONES.** Entra para echar un vistazo al ■ **PUENTE DE LOS SUSPIROS** desde el Puente de la Paglia, en la costa.

❸ **Campanario de San Giorgio Maggiore** (ver pág. 90). Este campanario de la isla de ■ **SAN GIORGIO MAGGIORE** ofrece la mejor vista de Venecia. Si no dispones de mucho tiempo, sube hasta el ■ **CAMPANARIO DE SAN MARCO** (ver pág. 59) antes de abandonar la plaza.

❹ **Zattere** (ver pág. 136). Los animados cafés y restaurantes frente al mar de este popular paseo son una buena opción para comer (ver «Dónde comer», pág. 138). Para tomar un helado, dirígete a la ■ **GELATERIA NICO** (*Fondamenta Zattere al Ponte Longo, 041 522 5293*), que lleva desde 1937 deleitando a los venecianos con sus especialidades, entre ellas el cremoso *Gianduiotto alla panna*.

❺ **Galerías de la Academia** (ver págs. 140-143). El itinerario cronológico de esta antigua academia de arte permite recorrer desde el arte bizantino al gótico, pasando por el renacimiento y el barroco. En el

Un artista trabajando en la Plaza San Marco.

exterior puedes admirar los edificios del complejo, como la antigua Iglesia de Santa Maria della Carità (reconstruida en el siglo XV), el Convento de los Canónigos de Letrán y la Escuela Grande de Santa Maria della Carità. Si el arte religioso no es lo tuyo, visita la ■ **COLECCIÓN PEGGY GUGGENHEIM** (ver pág. 135) con sus obras maestras del arte moderno, que se encuentra a pocos pasos, en el mismo lado del Gran Canal.

❻ **Puente de Rialto** (ver pág. 114). Puede que llegues a tiempo de oír las últimas llamadas de los comerciantes en el ■ **MERCADO DE RIALTO** (ver págs. 114-115). Si no has almorzado, en ■ **ZATTERE**, la zona de Rialto, está llena de antiguas tabernas (*bacari*). Entra en una de ellas para tomar un tentempié, por ejemplo en la ■ **CANTINA DO MORI** (*calle Do Mori, 041 522 5401, cerrado do., €€, ver pág. 109*), que data de 1462 y se dice que es la más antigua de la ciudad.

❼ **Ca' d'Oro** (ver pág. 98). Entra en este palacio del siglo XV para admirar obras de Mantegna, Carpaccio, Tiziano y otros maestros del Renacimiento. En lugar de tomar un *vaporetto* para ■ **PLAZA SAN MARCO**, regresa al Mercado de Rialto en ferri (€). Cruza el Puente de Rialto para disfrutar de una degustación en profundidad de vinos italianos en la ■ **ENOTECA MILLEVINI** (ver pág. 41) y en los bares de los alrededores.

❽ **Harry's Bar** (*calle Vallaresso 1323, 041 528 5777, €€€*). Fundado en 1931 por Giuseppe Cipriani gracias a un préstamo del estadounidense Harry Pickering, este rincón evocador es una auténtica institución.

INFORMACIÓN **TURÍSTICA**

Si sufres de vértigo, evita el Campanario de San Giorgio y toma un *vaporetto* hasta la isla de Giudecca, repleta de lugares históricos que visitar, como la Iglesia del Santissimo Redentore (ver pág. 90), y la fábrica textil con sala de exposiciones de Mariano Fortuny (ver pág. 90). Toma el *vaporetto* desde Redentore hasta Zattere para continuar el itinerario.

DÍA 1

Venecia en un fin de semana

Visita los lugares más característicos entre la Plaza San Marco y el Gran Canal y termina el día con un romántico paseo por el litoral.

6 Zattere (ver pág. 136). **Termina el día cenando en uno de los restaurantes a lo largo de este popular y pintoresco paseo.**

5 Escuela Grande de San Rocco (ver págs. 122-125). **Tintoretto tardó casi veinte años en crear esta versión veneciana de la Capilla Sixtina en la mayor de las antiguas escuelas grandes. A continuación, dirígete a Campo Santa Margherita y camina por los canales Carmini y San Sebastiano hasta Zattere.**

4 Mercado de Rialto (ver págs. 114-115). **Pasea entre los puestos de este antiguo mercado. Cruza el Puente de Rialto y toma el *vaporetto* (línea 1 o 2) desde Rialto C. Baja en San Tomà y camina por la calle del Traghetto en dirección noroeste hacia Campo San Rocco.**

VENECIA EN UN FIN DE SEMANA DÍA 1 DISTANCIA: 7 KM
DURACIÓN: 8-9 H SALIDA: PLAZA SAN MARCO

VISITAS RÁPIDAS

1 Basílica de San Marco (ver págs. 64-65). **Admira la imponente fachada y la rica decoración interior de la iglesia más famosa de Venecia. Unos pocos pasos por la Piazzetta San Marco te llevarán al Palacio Ducal.**

2 Palacio Ducal (ver págs. 66-67). **Reserva los «Recorridos secretos del Palacio Ducal». Luego llega a la parada de *vaporetto* más cercana (línea 1), al este del palacio, y sube por el Gran Canal hasta Ca' d'Oro.**

3 Ca' d'Oro (ver pág. 98). **Contempla la rica decoración interior de este palacio. Sigue por la calle Ca' d'Oro y gira a la derecha por Strada Nova hasta Campo Santa Sofia, donde un viejo transbordador de madera te llevará al barrio de Rialto, al otro lado del canal.**

Sugerencias

Dos días son suficientes para sumergirse en la atmósfera de Venecia, su arte, arquitectura y vida nocturna sin agotarse. El primer día está dedicado a los destinos más característicos. Consulta las secciones dedicadas a los principales sitios y sigue estas sugerencias para encontrar alternativas interesantes.

❶ **Basílica de San Marco** (ver págs. 64-65). Si no tienes ganas de desafiar a la multitud, disfruta de la vista desde la cima subiendo al ■ **CAMPANARIO** (ver pág. 59), que se erige como símbolo de la ciudad. También puedes dirigirte hacia la vecina ■ **DÁRSENA ORSEOLO** (ver pág. 60), relativamente más tranquila y llena de góndolas yendo y viniendo. Quizá sea el mejor lugar de la ciudad para fotografiar estas características embarcaciones.

❷ **Palacio Ducal** (ver págs. 66-67). En el lado opuesto de la plaza, el ■ **MUSEO CORRER** (ver pág. 60) es una alternativa al Palacio Ducal para aquellos que no quieren codearse entre multitudes de turistas. En el interior de este grandioso palacio, que Napoleón transformó en residencia privada tras la conquista de Venecia en el siglo XVIII, varios recorridos ilustran el arte y la historia de Venecia.

❸ **Ca' d'Oro** (ver pág. 98). En lugar de admirar las obras maestras del Renacimiento dentro de Ca' d'Oro, aventúrate en el barrio ■ **CANNAREGIO.** Un paseo por Strada Nova y Fondamenta San Felice te llevará a ■ **FONDAMENTA DELLA MISERICORDIA** (ver págs. 96-97), una avenida bordeada por el canal y casas antiguas, tabernas, restaurantes y cafés al aire libre. Para a descansar, almorzar o tomar una refrescante bebida (ver «Dónde comer», pág. 96).

❹ **Mercado de Rialto** (ver págs. 114-115). Antes de sumergirte en la confusión del mercado, sube al ■ **PUENTE DE RIALTO** (ver pág. 114), obra maestra de Antonio da Ponte, con un solo arco, y que conecta los barrios de San Marco y San Polo. El mercado tiene dos secciones principales: Pescheria y Erberia, que ofrecen escenas pintorescas para fotografiar.

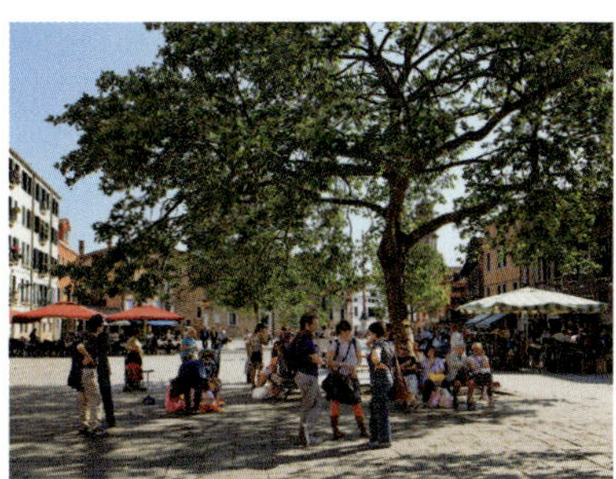

Descanso en Campo Santa Margherita.

❺ Escuela Grande de San Rocco (ver págs. 122-125). Si el día es demasiado bonito para encerrarte en un museo, aprovecha que la escuela está a menos de 20 min a pie de algunas de las plazas más bonitas de Venecia. Al final de la tarde, cruza el Puente de San Pantalon para llegar al ■ **Campo Santa Margherita** (ver págs. 138-139), con sus puestos de comida y ropa frecuentados por estudiantes de la cercana universidad. Unos pocos pasos por el Canal del Río Terà te llevarán al ■ **Puente dei Pugni** (ver pág. 148), donde antiguamente las familias rivales combatían y el perdedor acababa en el canal. El adyacente ■ **Campo San Barnaba** (ver pág. 148) es otro lugar para descansar y admirar la arquitectura de los edificios. Desde aquí, otro corto paseo por Fondamenta di Borgo y Fondamenta Bonlini conduce a ■ **Campo San Trovaso** (ver pág. 88), con su espléndida iglesia renacentista. A un lado de la plaza, la estructura que parece una casa de montaña es el ■ **Astillero de San Trovaso** (ver pág. 89), un antiguo lugar donde se construyen y reparan góndolas. No muy lejos se encuentra la histórica ■ **Librería La Toletta** (ver pág. 89), fundada en 1933, donde se pueden encontrar buenos títulos y libros raros.

❻ Zattere (ver pág. 136). Si te saltaste la Escuela Grande de San Rocco, todavía tienes la oportunidad de ver una obra maestra de Tintoretto en la más tranquila ■ **Iglesia dei Gesuati** (ver pág. 137). La *Crucifixión* es la obra más admirada, pero no te pierdas los techos rococó con frescos de Tiepolo. Termina con un *spritz* en ■ **El Chioschetto** (ver pág. 72), un pequeño bar al lado de Zattere.

INFORMACIÓN **TURÍSTICA**

En lugar de visitar Ca' d'Oro, dirígete hacia el antiguo **Ghetto** (ver págs. 102-103). Aunque hoy la población judía está dispersa por toda Venecia, **Campo del Ghetto Nuovo** sigue siendo un centro de organizaciones y comercio judíos. Además de contar la historia de los judíos de Venecia, el **Museo Judío** ofrece visitas guiadas por el barrio.

DÍA 2

Venecia en un fin de semana

Viaja a través de mil años de arte veneciano e internacional y termina el día con una noche clásica en la ciudad.

❶ Colección Peggy Guggenheim (ver pág. 135). **Dirígete por la calle del Bastion y Campiello Barbaro hasta este palacio con vistas al Gran Canal. Tras admirar las obras de Picasso y Pollock, continúa hacia el oeste por la calle della Chiesa, luego toma Piscina Forner hacia el norte por Rio Terà Foscarini para visitar otra gran colección de arte.**

❷ Galerías de la Academia (ver págs. 140-143). **Desde el arte bizantino hasta el barroco, mil años de arte veneciano cubren las paredes de este famoso museo. Desde el muelle frente a la entrada, toma el *vaporetto* (línea 1) en dirección Ferrovia.**

❸ Excursión por el Gran Canal (ver págs. 30-33). **Admira los espléndidos palacios que se alinean a lo largo del emblemático canal de Venecia. En la parada de Ferrovia (frente a la estación de Santa Lucia), baja y sube a otro *vaporetto* (línea 1) para recorrer el Gran Canal.**

VENECIA EN UN FIN DE SEMANA DÍA 2 DISTANCIA: 7 KM
DURACIÓN: 8-9 H PARADA DEL *VAPORETTO*: SALUTE

5 Plaza San Marco de noche (ver pág. 25). Regálate un cóctel en el Harry's Bar, escucha música en vivo en el Caffè Florian y luego da un último paseo por la costa antes de volver a cruzar la adormecida ciudad.

4 Ca' Rezzonico (ver pág. 138). Saborea la atmósfera decadente de la Venecia del siglo XVIII en un palacio museo aún decorado como si sus primeros propietarios nunca lo hubieran abandonado. Sube a bordo de un *vaporetto* (línea 1) en dirección a San Marco.

Sugerencias

El segundo día en Venecia está dedicado al arte y a los grandes museos del Gran Canal. Pero si no te apetece pasar varias horas bajo techo, hay innumerables alternativas. Sigue las referencias a las páginas correspondientes de la guía para descubrir interesantes desvíos por el camino.

❶ Colección Peggy Guggenheim (ver pág. 135). El Molo della Salute es la parada del *vaporetto* desde la que se pueden visitar otras atracciones de la península de Dorsoduro. Primero detente a disfrutar de las vistas. Aquí termina la península con una vista espectacular de la costa de San Marco y, al otro lado de la laguna, se pueden ver las islas de San Giorgio y Giudecca. Si no quieres pasar demasiado tiempo en la Colección Peggy Guggenheim, no te pierdas el ■ **JARDÍN DE ESCULTURAS NASHER**, con sus surrealistas y curiosas instalaciones. La elegante cafetería es el lugar ideal para hacer una pausa. Como alternativa, puedes visitar ■ **PUNTA DELLA DOGANA** (Museo de Arte Contemporáneo, ver pág. 137), donde el multimillonario francés François-Henri Pinault expone parte de su vasta e importante colección.

Colección Peggy Guggenheim.

❷ Galerías de la Academia (ver págs. 140-143). Encuentra tiempo para pasar por ■ **SANTA MARIA DELLA SALUTE** (ver págs. 134-135), que domina la dársena. Es una de las iglesias de Venecia construida para agradecer a la Virgen María por salvar a la ciudad de la peste negra. Detrás de la imponente fachada de piedra blanca, inspirada en un arco triunfal romano, la iglesia octogonal está llena de animadas expresiones de arte votivo. Si tienes hambre, cruza el canal para disfrutar de un relajante *brunch* tipo bufé antes de comenzar tu recorrido por el Gran Canal. ■ **Palacio Franchetti** (*San Marco 2847, 041 240 7755, €€, palazzofranchetti.it*) tiene una cafetería asequible, con grandes ventanales que dan al jardín.

❸ Excursión por el Gran Canal (ver págs. 30-33). Lo bueno de este crucero es que puedes desembarcar y regresar cuando quieras. Organiza el recorrido según el tiempo de que dispongas y tus intereses. Verás pinturas y esculturas del siglo XX en ■ **Ca' Pesaro** (ver págs. 116-117), el edificio del siglo XVII que alberga la colección de la Galería Internacional de Arte Moderno. Si eres un entusiasta de las compras, visita la lujosa tienda ubicada en ■ **Fondaco dei Tedeschi** (ver págs. 62-63). Puedes viajar al siglo XIII en ■ **Fondaco dei Turchi** (ver pág. 49), donde fósiles, huesos de dinosaurios, esqueletos de cetáceos, herbarios y riquísimas colecciones de mariposas constituyen el principal atractivo del Museo de Historia Natural.

❹ Ca' Rezzonico (ver pág. 138). Si te perdiste Punta della Dogana, sáltate Ca' Rezzonico y en su lugar visita el ■ **Palacio Grassi** del siglo XVIII (ver pág. 62), que alberga otra parte de la colección de arte moderno de Pinault. El Teatrino del Palacio Grassi, un espacio expositivo diseñado por el arquitecto japonés Tadao Ando, merece por sí solo una visita.

❺ Plaza San Marco de noche. La zona de San Marco (ver págs. 58-63) ofrece diversas posibilidades para prolongar la velada con espectáculos venecianos. El ■ **Teatro La Fenice** (ver págs. 61-62) tiene un impresionante programa de óperas y sinfonías durante gran parte del año. Las *Cuatro Estaciones* de Vivaldi se escenifican con trajes del siglo XVIII en la ■ **Escuela Grande de San Teodoro** (ver pág. 72). ■ **Musica a Palazzo** (ver pág. 29) propone obras itinerantes en las que el público se mezcla con actores y músicos, siguiéndolos de sala en sala por el hermoso Palacio Barbarigo Minotto, con vistas al Gran Canal.

INFORMACIÓN **TURÍSTICA**

Renuncia a una de las visitas a Dorsoduro para disfrutar de Ca' Macana (ver pág. 44). Este taller de máscaras antiguas, de 1 a 2 h, ofrece a los participantes ocho técnicas diferentes para decorar una máscara, hecha por ellos mismos, de cartón piedra. Las familias y los niños son bienvenidos. Está a unos 6 min a pie de las Galerías de la Academia.

Divertirse en Venecia

Evita las multitudes sin preocupaciones en un día dedicado a las compras, a la degustación de comida y vino, y a la ópera.

❽ Il Caravellino (ver pág. 29). **Disfruta de una copa nocturna en este pintoresco y elegante local.**

❼ Musica a Palazzo (ver pág. 29). **Únete a otros fanáticos de la ópera para disfrutar de un espectáculo poco convencional. Después de los aplausos, camina hacia el noreste por la calle delle Ostreghe hasta la calle Larga XXII Marzo.**

❻ Bar Longhi (ver pág. 29). **Disfruta de un cóctel antes del teatro en el salón del Gritti Palace Hotel. Un corto paseo por Campiello Traghetto, Puente Duodo o Barbarigo y Fondamenta Duodo o Barbarigo te llevará hasta la ópera.**

CAMPO DEI SANTI APOSTOLI
Mercato di Rialto
Rialto Mercato
CORTE SECONDA DEL MILIO
SAN POLO
CAMPO SAN GIACOMO DI RIALTO
PONTE DI RIALTO
Rialto
CAMPO SAN POLO
Rio di San Polo
San Silvestro
Canal Grande
Sant'Angelo
San Tomà
CAMPO SAN LUCA
CAMPO MANIN
SAN MARCO
Palazzo Mocenigo
CAMPO SANT'ANGELO
Plaza San Ma
San Samuele
CAMPO SAN SAMUELE
CAMPO SANTO STEFANO
Il Caravellino
8
1
Ca' Rezzonico
GIARDI EX REA
Palacio Barbarigo Minotto
7
6
Accademia
San Marco
Santa Maria del Giglio
Bar Longhi
Salute
Baci
Sa
Venetia Studium
2
Gallerie dell' Accademia
Santa Maria della Salute
Punta della Dogana
FONDAMENTA DELLE ZATTERE
Spirito Santo

DIVERTIRSE EN VENECIA DISTANCIA: 13 KM
DURACIÓN: 9 H SALIDA: SAN MARCO

1 San Marco *chic* (ver pág. 28). **Explora las elegantes *boutiques* al oeste de la Plaza San Marco. Desde el muelle de San Marco del Giglio, toma el *vaporetto* (línea 1) a través del Gran Canal hasta Salute y sigue por la calle del Bastion.**

2 Venetia Studium (ver pág. 28). **Admira los artículos de alta gama de este taller de diseño veneciano. Vuelve al embarcadero de la Salute y toma el *vaporetto* (línea 1) hasta San Zaccaria. Camina hacia el este por Riva degli Schiavoni hasta el Hotel Metropole.**

3 Metropole / Té en el Met (ver pág. 28). **Déjate transportar a la Venecia del siglo XIX tomando el té de la tarde en el Metropole. Después de salir del hotel, dirígete hacia el norte por la calle de la Pietà y luego hacia el este por Salizada dei Greci.**

4 Escuela San Zacarías (ver pág. 28). **Este taller contrario a las tendencias exhibe obras del artista veneciano Gianfranco Missiaja. Cruza el Puente dei Greci y sigue por Fondamenta San Lorenzo en dirección norte. Gira al oeste por la calle San Lorenzo y al norte por la calle de la Madoneta para llegar.**

5 Librería Acqua Alta (ver pág. 29). **Explora las estanterías (y también los barcos y las bañeras) de esta pintoresca librería. Camina en zigzag entre calle Tetta y calle Cappuccine Castello para llegar al muelle del hospital. Aquí toma la línea B del *vaporetto* hasta San Marco y luego la línea A hacia Santa Maria del Giglio.**

San Marco *chic*

1 Echa un vistazo a los escaparates de las elegantes *boutiques* de los alrededores de la **Plaza San Marco** (ver págs. 58-59). **The Merchant of Venice** (*Campo San Fantin 1895, 041 296 0559, themerchantofvenice.it*) es una perfumería en el local de una antigua farmacia. **Prato Venezia** (*calle delle Ostreghe 2456/9, 041 523 1148, giobagnaravenezia.com*) está especializada en cristal veneciano auténtico, joyería y marroquinería, punto de referencia para la artesanía italiana.

Plaza San Marco y alrededores • *Vaporetto*: San Marco, Santa Maria del Giglio

Venetia Studium

2 Además de su propia marca de muebles y accesorios, este taller de lujo también expone telas de seda y lámparas de cristal Fortuny.

Dorsoduro, 180/A • 041 521 0187 • *Vaporetto*: Salute • fortuny.shop

Metropole / Té en el Met

3 Este ritual de la tarde (de octubre a marzo) se propone en colaboración con Dammann Frères, la antigua casa de té francesa fundada en 1925. El servicio incluye repostería artesanal y una selección de más de treinta de entre los mejores tés del mundo.

Riva degli Schiavoni 4149 • 041 520 5044 • €€€€€ • *Vaporetto*: San Zaccaria • hotelmetropole.com

Escuela San Zacarías

4 Las obras del artista y arquitecto veneciano Gianfranco Missiaja y sus alumnos se exponen en este estudio-atelier situado en un rincón escondido. Hay animadas vistas de la ciudad, máscaras de *commedia dell'arte*, pinturas abstractas y figuritas de cartón piedra.

Salizada dei Greci 3456 • 041 523 4343 • *Vaporetto*: San Zaccaria • venicegallery.it

Librería Acqua Alta

5 Los libros se exponen en viejas bañeras, carretillas e incluso en una góndola en esta singular librería junto al canal. Como su nombre indica, la tienda no es inmune a las inundaciones.

Calle Longa Santa Maria Formosa 5176/B • 041 296 0841 • *Vaporetto*: Ospedale, Rialto C • libreriacqualta.it

Bar Longhi

6 Hemingway es una de las muchas celebridades que se han sentado en el banco de mármol del bar del Gritty Palace Hotel. En verano, siéntate en la terraza con vistas al canal.

Campo Santa Maria del Giglio 2467 • 041 794 611 • €€ • *Vaporetto*: Santa Maria del Giglio • thegrittipalace.com

Una escalera hecha de libros en el patio de la Librería Acqua Alta, con vistas al canal.

Musica a Palazzo

7 El Palacio Barbarigo Minotto ofrece un escenario espectacular para una velada de ópera italiana «ambulante», donde cada acto se representa en una sala diferente del palacio barroco ricamente decorado. *La Traviata, Rigoletto* y *El barbero de Sevilla* se representan cada semana, en días alternos.

Fondamenta Duodo o Barbarigo 2504 • 340 971 7272 • €€€€€ • *Vaporetto*: Santa Maria del Giglio • musicapalazzo.com

Il Caravellino

8 Bar con un estilo único, ideal para tomar una copa después de la ópera.

Calle Larga XXII Marzo 2399 • 041 520 8377 • €€ • *Vaporetto*: San Marco, Santa Maria del Giglio • restaurantlacaravella.com

Por el Gran Canal

Pasa un día por el Gran Canal, admirando las fachadas de los palacios reflejadas en el agua y deteniéndote aquí y allá para conocer la cultura.

❻ Ca' Loredan (ver pág. 33). **El ayuntamiento está ubicado en un palacio del siglo xiv, posteriormente modificado por la familia noble Loredan.**

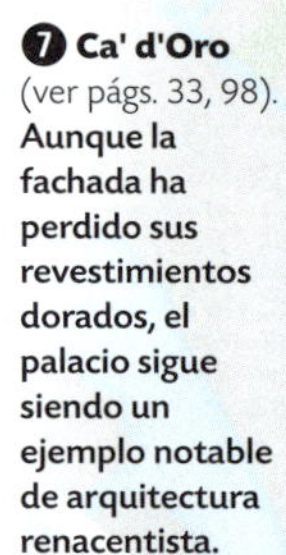

❼ Ca' d'Oro (ver págs. 33, 98). **Aunque la fachada ha perdido sus revestimientos dorados, el palacio sigue siendo un ejemplo notable de arquitectura renacentista.**

❺ Palacio Grassi (ver págs. 32, 62). **Admira el clásico encanto veneciano de este palacio convertido en galería de arte.**

❹ Ca' Rezzonico (ver págs. 32, 138). **En este museo con vistas al canal destaca toda la opulencia de la Venecia del siglo xviii.**

POR EL GRAN CANAL DISTANCIA: 3 KM
DURACIÓN: 8 H SALIDA: PLAZA SAN MARCO

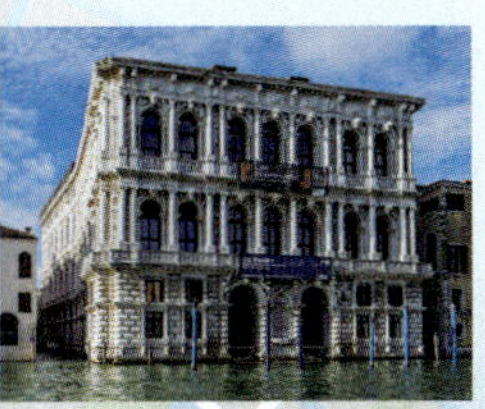

8 Ca' Pesaro (ver págs. 33, 116-117). **Kandinsky y Klimt, Moore y Matisse son algunos de los grandes maestros cuyas obras se exhiben en este palacio del siglo XVII, sede del Museo de Arte Moderno.**

1 Ca' Giustinian (ver pág. 32). **Toma la línea N o la línea 1 del *vaporetto* cerca de la Plaza San Marco y comienza tu crucero por el Gran Canal pasando por esta obra maestra del gótico.**

2 Palacio Gritti (ver pág. 32). **Hoy este palacio gótico alberga el Hotel Gritti Palace. En las salas comunes se pueden admirar espejos de Murano y antiguos tapices de damasco.**

3 Colección Peggy Guggenheim (ver págs. 32, 135). **La galería de arte moderno está ubicada en el Palacio Venier dei Leoni, que quedó sin terminar.**

Ca' Giustinian

1 Sede de la **Bienal de Venecia** (ver pág. 82), este suntuoso edificio de cuatro plantas domina la dársena de San Marco. Construido en el siglo XV, alberga diversas exposiciones y eventos, así como todas las oficinas organizativas de la Bienal de Venecia.

San Marco 1364a • 041 521 8711 • *Vaporetto*: San Marco • labiennale.org

Palacio Gritti

2 Construido en 1475 por la familia Pisani, el palacio fue durante mucho tiempo un hotel de lujo que acogió a celebridades como Humphrey Bogart, Lauren Bacall, Bruce Springsteen y Mick Jagger.

Campo Santa Maria del Giglio 2467 • 041 520 0942 • *Vaporetto*: Santa Maria del Giglio • thegrittipalace.com

Colección Peggy Guggenheim

3 Llamado Venier dei Leoni por las cabezas de león que decoran la fachada frente al canal, este palacio del siglo XVIII es ahora un importante museo de arte.

Dorsoduro 701 • 041 240 5411 • cerrado ma. y 25 de diciembre • €€€€ • *Vaporetto*: Accademia, Salute • guggenheim-venice.it

Ca' Rezzonico

4 Entre las obras maestras de este palacio del siglo XVIII destacan los frescos de la **Sala de la Alegoría Nupcial**, la antigua Farmacia Ai do San Marchi y los retratos satíricos de Longhi.

Dorsoduro 3136 • 041 241 0100 • Cerrado ma. • €€€ • *Vaporetto*: Ca' Rezzonico • carezzonico.visitmuve.it

Palacio Grassi

5 En la orilla derecha del canal se alza este palacio del siglo XVIII que alberga la colección de arte de François-Henri Pinault. Las exposiciones muestran arte vanguardista de todo el mundo.

Campo San Samuele • 041 240 1308 • Cerrado ma. • €€€€ • *Vaporetto*: San Samuele • palazzograssi.it

Ca' Loredan

6 Construido en el siglo XIV, el palacio es la sede del ayuntamiento. Las bodas se celebran en un salón decorado con pinturas renacentistas y lámparas de cristal de Murano.

Calle Loredan 4122 • *Vaporetto*: Rialto

Ca' d'Oro

7 Desde el balcón del tercer piso, intenta localizar el relieve de mármol de un elefante en la fachada del palacio.

Calle Ca'd'Oro 3932 • 041 522 2349 • €€ • *Vaporetto*: Ca' d'Oro • cadoro.org

Ca' Pesaro

8 Este palacio del siglo XVII, actual sede de la Galería Internacional de Arte Moderno, fue diseñado por el gran arquitecto veneciano Baldassare Longhena para la familia Pesaro.

Santa Croce 2076 • 041 721 127 • Cerrado lu., 1 de enero y 25 de diciembre • €€€€ • *Vaporetto*: San Stae • capesaro.visitmuve.it

Vista del Gran Canal desde el balcón de la Ca' d'Oro.

Para los amantes del arte

Bellini, Tiepolo y Longhi son algunos de los maestros que conocerás en este paseo por las iglesias y palacios menos conocidos de Venecia.

❼ **Zattere** (ver págs. 37, 136). **Visita la Dorsoduro Museum Mile y detente a tomar una copa o un refresco en uno de los cafés frente al mar.**

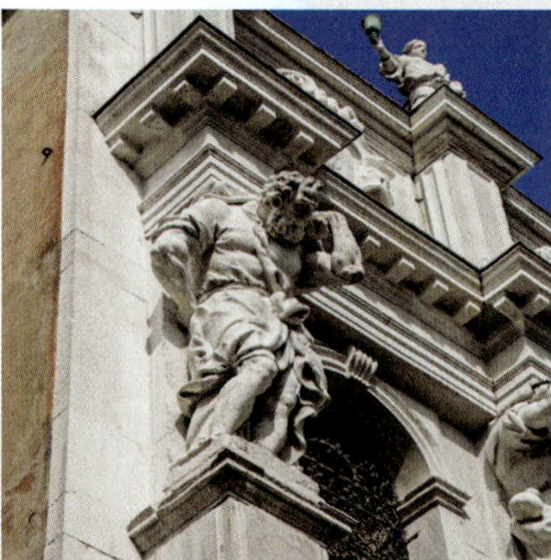

❻ **Iglesia de Santa Maria dei Derelitti** (ver pág. 37) **Esta iglesia de Andrea Palladio es conocida por el magnífico órgano de Pietro Nacchini. Un corto paseo hacia el norte, por la calle del Cafetier y la calle Cappuccine Castello, te llevará de regreso a la costa. Toma el *vaporetto* (línea 5.1) hasta Zattere.**

❺ **Palacio Querini Stampalia** (ver pág. 37). **Es una de las casas museo más bellas y muestra la vida cotidiana de los nobles venecianos en la época del Renacimiento y el Barroco. Después de un almuerzo en la cafetería del museo, regresa a Campo Santa Maria Formosa y sigue por la calle Longa Santa Maria Formosa y la calle Tetta.**

PARA LOS AMANTES DEL ARTE DISTANCIA: 8 KM
DURACIÓN: 7-8 H SALIDA: PALACIO MOCENIGO

❶ Palacio Mocenigo (ver págs. 36, 117). Este palacio convertido en museo está dedicado a la moda, las telas y los perfumes venecianos a lo largo de varios siglos. Sigue por Salizada San Stae hasta el Gran Canal y toma el *vaporetto* (línea 1 o N) hasta San Zaccaria. Una vez que bajes, dirígete hacia el este por la costa y luego hacia el norte por la calle de la Pietà.

❷ Instituto Helénico (ver pág. 36). Admira los antiguos iconos bizantinos en este tesoro de la fe ortodoxa griega. Cruza el Puente dei Greci y camina por Campo San Provolo hasta Campo San Zaccaria, con la iglesia del mismo nombre.

❸ Iglesia de San Zaccaria (ver págs. 36-37). Tras la fachada renacentista se encuentra un retablo de Giovanni Bellini y obras de Tintoretto, Tiepolo y Van Dyck. Vuelve a Campo San Provolo, cruza el Puente dei Carmini y continúa hacia el norte por la Ruga Giuffa.

❹ Palacio Grimani (ver pág. 37). Admira los magníficos frescos, las esculturas y el encantador patio de este palacio renacentista. Sal por Campo Santa Maria Formosa y toma el callejón del lado suroeste.

Palacio Mocenigo

1 Arte para llevar, precioso al tacto y al olfato, en esta suntuosa casa museo en San Stae.

Santa Croce 1992 • 041 721 798 • Cerrado lu., 1 de enero y 25 de diciembre • €€€ • *Vaporetto*: San Stae • mocenigo.visitmuve.it

Instituto Helénico

2 Junto a la **Iglesia de San Giorgio dei Greci**, el museo del Instituto Helénico alberga una rica colección de iconos, vestimentas y objetos sagrados bizantinos.

Castello 3412 • 041 522 6581 • € • *Vaporetto*: San Zaccaria • istitutoellenico.org

Iglesia de San Zaccaria

3 La fachada de esta iglesia medieval es una fascinante fusión de estilos gótico y renacentista. En el interior, la obra maestra es el

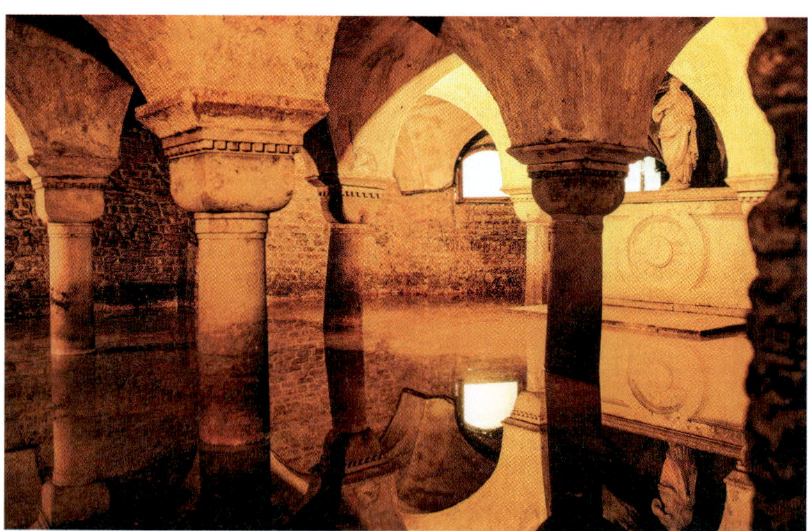

La cripta sumergida de la Iglesia de San Zaccaria.

retablo de Giovanni Bellini, con la Virgen María y el Niño. Visita también la cripta sumergida, con tumbas que se elevan sobre las aguas oscuras.

Campo San Zaccaria 4693 • 041 522 1257 • € • *Vaporetto*: San Zaccaria

INFORMACIÓN **TURÍSTICA**

Si quieres visitar más iglesias, lo mejor es adquirir el Chorus Pass **(ver pág. 176)****, que permite la entrada a precio reducido a dieciocho iglesias.**

Palacio Grimani

4 Este palacio del siglo XVI está decorado con frescos y estucos renacentistas. No te pierdas la **Sala del follaje** de Camillo Mantovano, con frescos en el techo de un denso patrón de flora y fauna.

Castello Ramo Grimani 4858 • 041 241 1507 • Cerrado lu., 1 de enero y 25 de diciembre • € • *Vaporetto*: San Zaccaria, Rialto, Ospedale • palazzogrimani.org

Palacio Querini Stampalia

5 La vida cotidiana de la Venecia barroca es el tema de esta suntuosa casa museo que todavía parece habitada y conserva el mobiliario original, obras de Tiepolo, Bellini y Lorenzo di Credi, así como fascinantes escenas de bailes de máscaras, luchas y juegos, de artistas como Pietro Longhi y Gabriele Bella.

Santa Maria Formosa 5252 • 041 271 1411 • Cerrado lu. • €€€€ • *Vaporetto*: San Zaccaria, Rialto • querinistampalia.org

Iglesia de Santa Maria dei Derelitti

6 La construcción de esta espléndida iglesia comenzó en 1575, bajo la dirección de Andrea Palladio. Las imponentes cariátides que adornan la fachada son obra del escultor flamenco Josse de Corte.

Barbaria de le Tole 6691 • 041 309 6605 • Cerrado ma. • € • *Vaporetto*: Ospedale

Zattere

7 Entre las obras maestras de la ruta cultural Dorsoduro Museum Mile, se encuentran la **Iglesia dei Gesuati** (ver pág. 137) y **la Punta della Dogana** (ver pág. 137).

Fondamenta delle Zattere • *Vaporetto*: Zattere, San Basilio, Spirito Santo

Para *gourmets*

Café recién tostado, especias exóticas, excelentes vinos y cicchetti son solo algunas de las delicias que se pueden degustar en este recorrido enogastronómico por la zona del Mercado de Rialto.

❶ **Mercado de Rialto** (ver págs. 40, 114-115). **Llega temprano por la mañana y disfruta del espectáculo de los productos que se descargan y se ponen a la venta en este antiguo mercado de alimentos. Sal del mercado tomando la Ruga Vecchia San Giovanni y dirígete al sur por la calle dei Cinque.**

C. DEL TINTOR
CAMPO S. MAR MATER DOMI
CAMPO S. BOLDO
C. DEL AGNELLO
R. T. SECONDO
SAN POLO
CAMPO SANT'AGOSTIN
C. PEZZANA
C. CORNER
CAMPO SAN POLO
SALIZ. S. POLO

❷ **Caffè del Doge** (ver pág. 40). **Saborea una mezcla de arábica recién tostada o un delicioso Giacometto en taza de chocolate. Vuelve a Ruga Vecchia San Giovanni y gira a la izquierda en Ruga dei Spezieri.**

❸ **Drogheria Mascari** (ver pág. 40). **Inhala las exóticas esencias que emanan del último emporio de especias de Venecia. Tras estimular tus papilas gustativas, sigue por la calle San Mattia hasta la calle de Do Spade, con una buena oferta de locales para almorzar.**

PARA *GOURMETS* DISTANCIA: 1 KM
DURACIÓN: 7-8 H SALIDA: MERCADO DE RIALTO

6 Antiche Carampane (ver pág. 41). Adéntrate en el barrio de Rialto para disfrutar de una cena *gourmet* en este restaurante de pescado.

5 Enoteca Millevini (ver pág. 41). Admira la selección de vinos añejos en esta enoteca cerca del Fondaco dei Tedeschi y luego tómate un descanso con un *spritz* en uno de los bares de los alrededores. Cruza el puente para regresar a Rialto y continúa hacia el este por Riva del Vin y luego hacia el norte por calle della Madonna.

4 Cantina Do Spade (ver pág. 40). Toma un refrigerio ligero en este lugar con sabor antiguo. Regresa a Ruga dei Spezieri y cruza el Puente de Rialto para llegar al Ramo del Fontego dei Tedeschi, al otro lado.

UNA **CURIOSIDAD**

Desde la Enoteca Millevini, se tarda 10 min en llegar al Harry's Bar (ver pág. 17), famoso por su legendario Bellini. Servido en una *flûte* de champán, el Bellini se elabora con *prosecco* y zumo de melocotón blanco. Su característico color rosa se inspira en la toga de un santo pintada por el artista Giovanni Bellini.

Mercado de Rialto

1 Los puestos de pescado, frutas y verduras son un placer para la vista.

Campo Cesare Battisti, Campo della Pescheria y Campo delle Beccarie • Cerrado do. • *Vaporetto*: Rialto Mercato

Caffè del Doge

2 En el barrio de Rialto, en 1645, abrió la primera cafetería de Europa gracias al comercio de Venecia con el Imperio Otomano. Desde 1952, Caffè del Doge sirve café recién tostado y el delicioso *giacometto* (café en taza untado de chocolate y avellanas troceadas).

Calle dei Cinque 609 • 041 522 7787 • € • *Vaporetto*: Rialto Mercato • caffedeldoge.com

Drogheria Mascari

3 Deja que tu olfato te guíe por la **Ruga dei Spezieri** hasta llegar al último emporio de especias de la ciudad, un recordatorio de los tiempos en que Venecia era una parada en la Ruta de las Especias que venía de Asia. La tienda también vende trufas, tés y vinagres balsámicos, buenos vinos y mermeladas italianas.

Ruga dei Spezieri 381 • 041 522 9762 • *Vaporetto*: Rialto Mercato • imascari.com

Cantina Do Spade

4 El barrio de Rialto está lleno de *bacari* (ver págs. 106-109), donde los venecianos se reúnen para tomar una copa o un refrigerio y charlar. Además de vinos y el típico aperitivo veneciano, el *spritz*, los *bacari* son famosos por los *cicchetti*, la versión veneciana de las tapas. Esta cantina, una de las más antiguas de Rialto, sirve calamares fritos, bacalao mantecato y pequeñas albóndigas.

Sotoportego de le Do Pala 859 • 041 521 0583 • €€ • *Vaporetto*: Rialto Mercato • cantinadospade.com

Enoteca Millevini

5 Ubicada cerca de San Marco y el **Puente de Rialto** (ver pág. 114), esta acogedora enoteca con degustación ofrece vinos añejos, italianos y franceses, y licores. A los propietarios les encanta compartir sus conocimientos con los amantes del buen vino.

Ramo Fontego dei Tedeschi 5362 • 041 520 6090 • €€ • *Vaporetto*: Rialto C • enotecamillevini.it

Antiche Carampane

6 Los restaurantes de Rialto son famosos por sus platos de pescado fresco. La carta de Antiche Carampane está repleta de delicias marinas de todo tipo: gambas, calamares, pescado a la parrilla y *spaghetti con vongole e bottarga*.

Rio Terà delle Carampane 1911 • 041 524 0165 • €€€€-€€€€€ • *Vaporetto*: Rialto Mercato, San Silvestro • antichecarampane.com

Estanterías llenas de especias y un mostrador repleto de canela en rama en Drogheria Mascari.

DÍA 1

Venecia en un fin de semana con niños

Paseos en góndola y máscaras de Carnaval, helados y vidrio soplado en este itinerario para descubrir entrañables tradiciones venecianas.

1 Paseo en góndola (ver pág. 44). **Súbete a una góndola-ferri en el muelle de Ca' Garzoni para realizar una emocionante travesía por el Gran Canal. Al otro lado del canal, desde San Tomà, dirígete hacia Fondamenta del Forner, gira a la izquierda y continúa hasta cruzar el Puente de Ca' Foscari. Más allá del puente, continúa hacia el sur hasta Ca' Macana.**

2 Ca' Macana (ver págs. 25, 44). **Tras visitar este antiguo taller de máscaras, dirígete de nuevo hacia el norte por la calle Cappeller y la calle Foscari, pasa la universidad y cruza el puente. Gira a la izquierda por la calle Crosera y encontrarás Tonolo justo delante, a mano izquierda.**

UN FIN DE SEMANA CON NIÑOS DISTANCIA: 2,4 KM
DURACIÓN: 5-7 H SALIDA: SAN SAMUELE

VISITAS RÁPIDAS

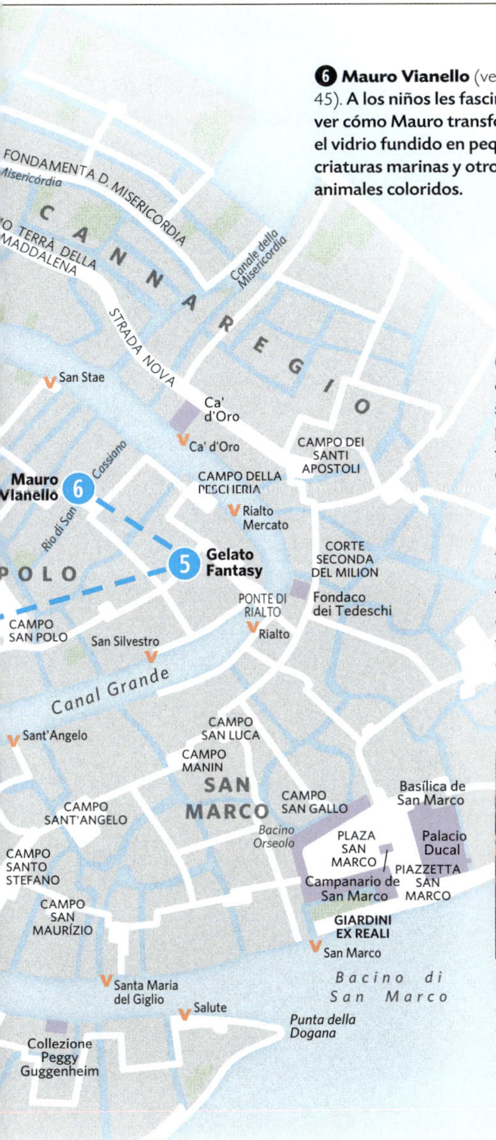

FONDAMENTA D. MISERICORDIA
Misericordia
CANNAREGIO
RIO TERRÀ DELLA MADDALENA
Canale della Misericordia
STRADA NOVA
San Stae
Ca' d'Oro
Ca' d'Oro
CAMPO DEI SANTI APOSTOLI
CAMPO DELLA PESCHERIA
Mauro Vianello 6
Cassiano
Rio di San
Rialto Mercato
5 Gelato Fantasy
CORTE SECONDA DEL MILION
POLO
PONTE DI RIALTO
Fondaco dei Tedeschi
Rialto
CAMPO SAN POLO
San Silvestro
Canal Grande
Sant'Angelo
CAMPO SAN LUCA
CAMPO MANIN
SAN MARCO
CAMPO SAN GALLO
Basílica de San Marco
CAMPO SANT'ANGELO
Bacino Orseolo
PLAZA SAN MARCO
Palacio Ducal
CAMPO SANTO STEFANO
Campanario de San Marco
PIAZZETTA SAN MARCO
CAMPO SAN MAURÍZIO
GIARDINI EX REALI
San Marco
Santa Maria del Giglio
Bacino di San Marco
Salute
Punta della Dogana
Collezione Peggy Guggenheim

❻ **Mauro Vianello** (ver pág. 45). **A los niños les fascinará ver cómo Mauro transforma el vidrio fundido en pequeñas criaturas marinas y otros animales coloridos.**

❺ **Gelato Fantasy** (ver pág. 45). **Tiene una oferta de helados o sorbetes artesanales con sabores particulares. Luego, gira al noroeste por Ruga dei Spezieri y sigue el camino a través de Campo delle Beccarie y Campo San Cassiano, hasta la fábrica de vidrio.**

❹ **Escuela Grande de San Rocco** (ver págs. 45, 122-125). **Los niños quedarán encantados con los techos pintados. Sigue la calle Tintoretto y la calle Larga Prima hacia el este, cruza Campo San Tomà y, en el embarcadero, toma el *vaporetto* (línea 1 o 2) hasta Rialto C. Cruza el Puente de Rialto y camina hacia el noroeste por la Ruga dei Oresi, y luego hacia el suroeste por la Ruga Vecchia San Giovanni.**

❸ **Pastelería Tonolo** (ver pág. 45). **Disfruta de un postre en esta legendaria pastelería veneciana, luego dirígete hacia el oeste por la calle Crosera y hacia el norte por la calle Fianco de la Scuola. Cruza el puente de madera y continúa hasta Campo San Rocco.**

Paseo en góndola

1 Cruza el Gran Canal en góndola-ferri desde Ca' Garzoni a San Tomà. La mayoría de estas embarcaciones de madera para varios pasajeros son maniobradas por dos gondoleros que se turnan para remar. La travesía dura unos 5 min.

Calle del Traghetto O Ca' Garzón • 340 867 7568 • € • *Vaporetto*: San Tomà

Ca' Macana

2 La tradición veneciana de las máscaras está asociada con el Carnaval (ver págs. 126-127). Las máscaras de papel maché de colores brillantes se decoran con plumas y cuentas para ocultar la identidad de quien las porta. Desde 1984 Ca' Macana es un taller artesanal que produce y comercializa máscaras 100 % hechas a mano. También ofrece talleres de 1 o 2 h en *el atelier* de Dorsoduro.

Calle Cappeller 3215 (talleres y exposición, obligatorio reservar) • 041 520 3229 • €€€€€ • *Vaporetto*: Ca' Rezzonico • camacana.com

Cada visitante puede realizar una o dos máscaras durante los talleres de Ca' Macana.

Pastelería Tonolo

3 Entre las muchas especialidades que se pueden degustar: tarta griega con almendras, *focaccia* dulce con azúcar y almendras, galletas, pastas de nata, *cannoli* y mucho más. Durante el Carnaval también hay buñuelos.

Calle San Pantalon 3764 • 041 523 7209 • Cerrado lu. • € • *Vaporetto*: San Tomà

Escuela Grande de San Rocco

4 El edificio que albergó la Escuela, fundada en 1478, tiene una arquitectura majestuosa que no te dejará indiferente. Los techos pintados y las obras de Tintoretto, de finales del siglo XVI, son la máxima expresión del Renacimiento veneciano.

Campo San Rocco 3052 • 041 523 4864 • Cerrado el 1 de enero y el 25 de diciembre • €€€ • *Vaporetto*: San Tomà • scuolagrandesanrocco.org

DÓNDE **COMER**

■ ***AL VAPORETTO***
La rica selección de primeros y segundos platos, *pizza* y ensaladas hace de esta *trattoria* cerca de Campo Manin una buena elección. **Calle de la Mandola 3726, 041 476 4779, €€**

■ **ANTICO FORNO**
La *pizza* y los bocadillos son lo más destacado de este local de comida para llevar cerca del Mercado de Rialto. **Rughetta del Ravano 973, 041 520 4110, €**

■ **LA ZUCCA**
Cocina moderna en esta acogedora y recóndita taberna, no lejos de la estación. **Calle del Spezier 1762, 041 524 1570, €€-€€€**

Gelato Fantasy

5 Los niños pueden disfrutar de un buen helado artesanal en esta heladería del barrio de Rialto, que ofrece también sorbetes, *crêpes*, gofres y *pancakes*, además de una selección de sabores veganos.

Ruga Vecchia San Giovanni 602 • 041 522 5993 • €-€€ • *Vaporetto*: Rialto Mercato • gelatofantasy.it

Mauro Vianello

6 Desde hace más de un milenio, las fábricas de vidrio de la ciudad producen una increíble variedad de vajillas, lámparas, espejos y candelabros. El maestro soplador de vidrio Mauro Vianello muestra la técnica del soplado de vidrio y crea insectos, criaturas marinas e instrumentos musicales. La demostración dura al menos 90 min.

Artigianato d'Arte, calle dei Morti 2251 • 351 837 8466 • €€€€€ (es necesario reservar) • *Vaporetto*: Rialto Mercato, San Stae • vidriohandmade.com

Venecia en un fin de semana con niños

Vistas desde el cielo y el agua, huesos de dinosaurio y espectáculos al estilo Disney son algunas de las atracciones de este itinerario.

4 VizioVirtù Cioccolateria (ver pág. 48). Visita la fábrica y prueba animales de chocolate en miniatura en este paraíso de dulces. Sigue la calle Fava y calle Sant'Antonio hacia el oeste hasta la parada Rialto C y toma el *vaporetto* (línea 1, N o A) hasta San Stae. Camina hacia el sur por Salizada San Stae, gira hacia el oeste por calle del Tintor y continúa hacia el norte por Salizada del Fontego.

5 Fondaco dei Turchi (ver pág. 49). Ubicado en un palacio del siglo XIII, este excelente Museo de Historia Natural ofrece mucho entretenimiento. Vuelve sobre tus pasos, toma el *vaporetto* hasta Rialto C y dirígete hacia el este por la costa. Luego gira hacia el sur y continúa hasta Plaza San Marco.

6 Procuradurías antiguas (ver pág. 49). La tercera planta de las históricas procuradurías deSan Marco alberga la sede de The Human Safety Net, que ofrece una exposición interactiva de interés para grandes y pequeños.

San Marcuola Casinò
Canal Grande
Riva de Biasio
Fondaco dei Turchi 5
STRADA NOVA
San Stae
Ca' d'Oro
Rialto Mercato
Rio Marin
CAMPO SAN GIACOMO DALL'ORIO
CAMPO BECCARIE
CAMPO SAN STIN
SAN POLO
Santa Maria Gloriosa dei Frari
Rio di San Polo
CAMPO SAN POLO
San Polo
San Silvestro
CAMPO DEI FRARI
Canal Grande
Sant'Angelo
CAMPO SAN LUCA
CAMPO MANIN
San Tomà
Rio di Ca' Foscari
CAMPO SANTA MARGHERITA
SAN MARCO
CAMPO SANT'ANGELO
Teatro La Fenice
San Samuele
CAMPO SAN SAMUELE
CAMPO SANTO STEFANO
CAMPO SAN BARNABA
Ca' Rezzonico
CAMPO SAN MAURÍZIO
DORSODURO
Accademia
PONTE DELL'ACCADEMIA
Santa Maria del Giglio
Salute
Rio di San Trovaso
Gallerie dell'Accademia
Collezione Peggy Guggenheim
Zattere
FONDAMENTA DELLE ZATTERE
Spirito Santo

UN FIN DE SEMANA CON NIÑOS, DÍA 2 DISTANCIA: 5 KM
DURACIÓN: 8-9 H SALIDA: SAN GIORGIO MAGGIORE

❸ Librería Acqua Alta (ver pág. 48). **A los niños les encantará esta singular librería. Vuelve a Campo Santa Maria Formosa y dirígete al noreste por las calles Borgolocco, Marcello y Frutarol para llegar a la fábrica de chocolate.**

❷ Palacio Querini Stampalia (ver pág. 48). **Artesanía y cuadros de fiestas, deportes, bailes de carnaval y otros acontecimientos de la vida cotidiana llenan el interior de este palacio histórico. Cruza el puente y sigue la estrecha callejuela en dirección noreste hasta Campo Santa Maria Formosa y la calle Longa Santa Maria Formosa, que lleva a la librería.**

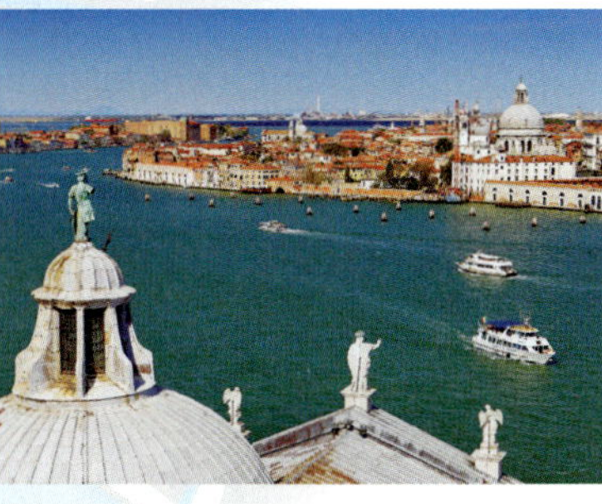

❶ Campanario de San Giorgio Maggiore (ver págs. 48, 90). **Toma el *vaporetto* (línea 2) hasta la isla de San Giorgio Maggiore y disfruta de una vista de pájaro de la ciudad desde lo alto de este famoso campanario. Toma el *vaporetto* hasta San Zaccaria y luego camina hacia el norte por la calle de le Rasse, y de nuevo hacia el norte para llegar a la calle dei Mercanti.**

Sacca della Misericordia
Canale della Misericordia
REGIO
CAMPO DEI SANTI APOSTOLI
Rio dei Mendicanti
Ospedale
CAMPO SANTI GIOVANNI E PAOLO
VizioVirtù Cioccolateria
4
3
Librería Acqua Alta
CAMPO SANTA MARIA FORMOSA
CAMPO SAN LORENZO
2
Palacio Querini Stampalia
CASTELLO
Rialto
Procuradurías antiguas
Basílica de San Marco
Rio della Pietà
6
Bacino Orseolo
PLAZA SAN MARCO
Palazzo Ducale
PIAZZETTA SAN MARCO
Campanario de San Marco
RIVA DEGLI SCHIAVONI
San Zaccaria
GIARDINI EX REALI
San Marco
Bacino di San Marco
Punta della Dogana
Canale di San Marco
ISOLA DI SAN GIORGIO MAGGIORE
San Giorgio
1
Campanario de San Giorgio Maggiore
0 400 metros
0 400 yardas

DÓNDE **COMER**

■ HAPPY PIZZA
Esta pizzería también sirve *calzoni*, pasta, *piadine* y *bruschetta* a precios razonables. **Calle dei Fabbri 828, €**

■ HARD ROCK CAFÉ
Hamburguesas y filetes son las especialidades de este restaurante junto al canal, que pertenece a la conocida cadena internacional. **Bacino Orseolo 1192, 041 522 9665, €€**

■ TAVERNA SAN LIO
Platos sencillos para los niños, raviolis de marisco y rodaballo al anís para los adultos hacen de esta *trattoria* una buena opción. **Salizada San Lio 5547/46, 041 277 0669, €€**

Campanario de San Giorgio Maggiore

1 Toma el ascensor hasta lo alto del campanario (75 m), que se eleva junto a la **Basílica de San Giorgio Maggiore** (ver pág. 90), para disfrutar de una vista de 360 º. El ángel de madera situado junto a la taquilla permaneció en lo alto del campanario hasta 1993, cuando fue alcanzado por un rayo.

Isla de San Giorgio Maggiore • 375 6323595 • €€ • *Vaporetto*: San Giorgio

Palacio Querini Stampalia

2 No te pierdas los cuadros de Gabriel Bella *Escenas de la vida pública veneciana*, una serie que incluye un baile, juegos de invierno en la laguna helada y una pelea en Puente Santa Fosca entre dos familias rivales. No menos interesantes son las pinturas de Pietro Longhi, de bares de juegos clandestinos y bailes de máscaras.

Santa Maria Formosa 5252 • 041 271 1411 • Cerrado lu. • €€€€ • *Vaporetto*: San Zaccaria, Rialto • querinistampalia.org

Librería Acqua Alta

3 Este espacio de libros usados da a un patio con una escalera hecha de libros dañados por las inundaciones. Ten cuidado con los gatos del dueño que duermen sobre los escritorios.

Calle Longa Santa Maria Formosa 5176/B • 041 296 0841 • *Vaporetto*: Ospedale, Rialto C

VizioVirtù Cioccolateria

4 Esta refinada chocolatería está ubicada en el barrio donde se comercializaban especias y cacao en polvo en la Edad Media. Reserva una cata para saborear y conocer las delicias del laboratorio.

Calle del Forner 5988 • 041 275 0149 • *Vaporetto:* Rialto C • viziovirtu.com

Fondaco dei Turchi

5 A los niños les encantará este moderno e interactivo Museo de Historia Natural. Las colecciones van desde huesos de dinosaurios y esqueletos de ballenas hasta una serie de curiosidades recogidas en África por los exploradores venecianos.

Salizada del Fontego dei Turchi 1730 • 041 270 0303 • Cerrado lu., 1 de enero y 25 de diciembre • €€€ • *Vaporetto*: San Stae, Riva de Biasio • msn.visitmuve.it

Procuradurías antiguas

6 El edificio del siglo XVI de las Procuradurías antiguas, sede histórica de los procuradores de San Marco, acoge una experiencia inmersiva propuesta por The Human Safety Net. La exposición guía a los visitantes para que descubran su propio potencial.

Plaza San Marco 105 • 041 503 7449 • Cerrado ma. • €€€ • *Vaporetto*: San Marco, Rialto • thehumansafetynet.org

El Museo de Historia Natural se encuentra en este palacio veneciano-bizantino con vistas al Gran Canal.

VISITAS RÁPIDAS

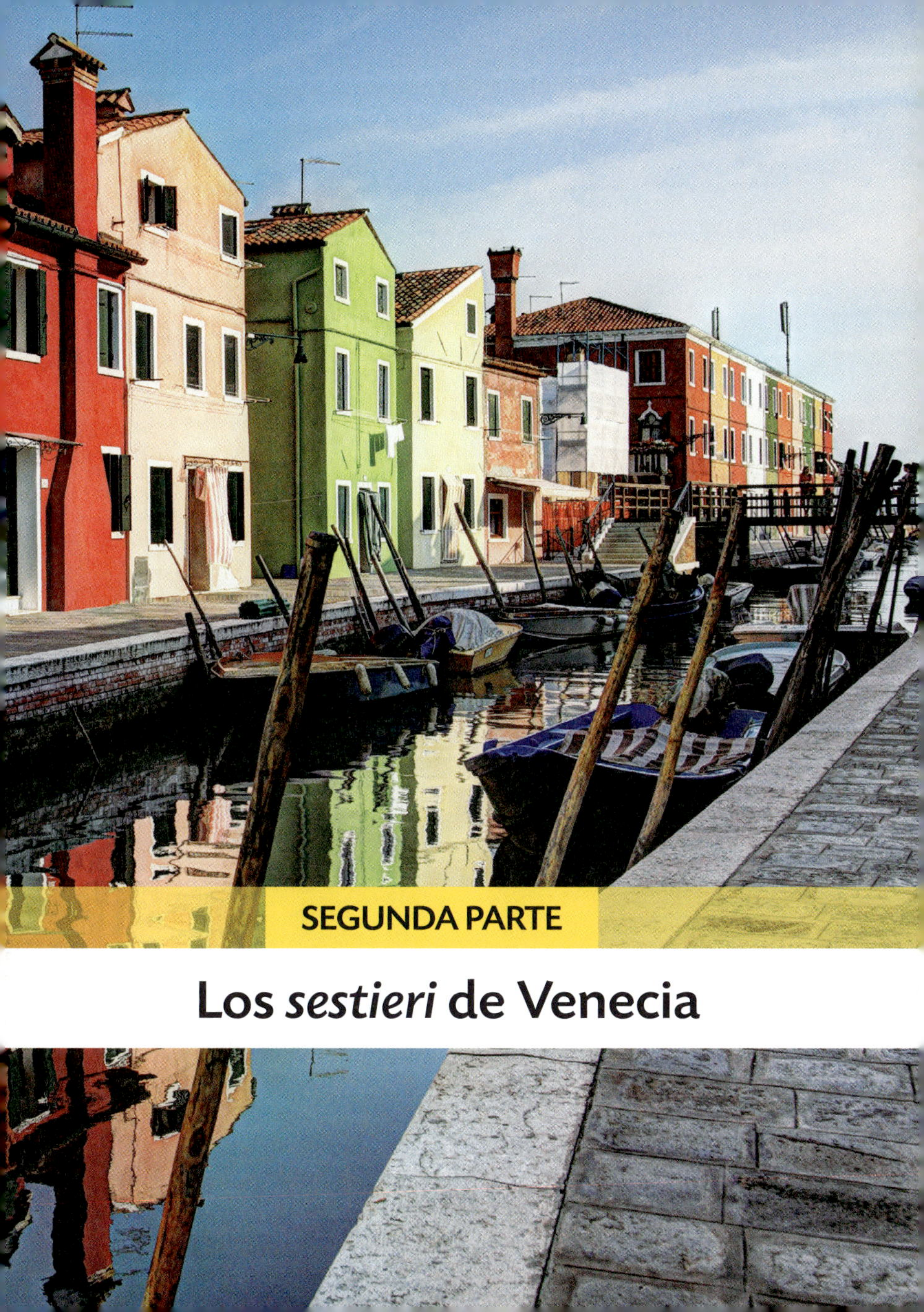

SEGUNDA PARTE

Los *sestieri* de Venecia

Venecia
Roma
Canale delle Sacche
Sant'Alvise
Madonna dell'Orto
Cannaregio 92
Rio della Sensa
Rio di San Girolamo
Rio del Battello
Canale di Cannaregio
Tre Archi
Crea
San Giobbe
CAMPO DEL GHETTO NUOVO
GHETTO
Rio della Misericordia
FONDAMENTA D. MISERICORDIA
RIO TERRÀ FARSETTI
RIO TERRÀ SAN LEONARDO
RIO TERRÀ DELLA MADDALENA
Guglie
CAMPO SAN GEREMIA
San Geremia
San Marcuola Casinò
Palazzo Vendramin-Calergi
Canal Grande
RIO TERRÀ LISTA DI SPAGNA
Scalzi
Stazione Ferroviaria Santa Lucia
Ferrovia Scalzi
PONTE D. SCALZI
Riva de Biasio
Fóndaco dei Turchi
Deposito del Megio
San Stae
Ca' Pesaro
Ferrovia Santa Lucia
Piazzale Roma
PONTE DELLA LIBERTÀ
San Simeòn Piccolo
Rio Marin
San Giacomo dall'Orio
CAMPO SAN GIACOMO DALL'ORIO
Palazzo Corner della Regina
CAMPO BECCARIE
Rio di San Cassiano
PONTE DELLA COSTITUZIONE
San Polo y Santa Croce 110
Autorimessa
GIARDINO PAPADÓPOLI
PIAZZALE ROMA
CAMPO D. TOLENTINI
Scuola dei Calegheri
CAMPO SAN STIN
SAN POLO
Antiche Carampane
CAMPO SAN POLO
SANTA CROCE
San Rocco
Santa Maria Gloriosa dei Frari
Rio di San Polo
San Polo
San Silvestr
CAMPO DEI FRARI
Scuola Grande di San Rocco
Rio Nuovo
San Pantàlon
Pasticceria Tonolo
Canal Grande
Sant'Angelo
Palazzo Benzon
San Tomà
Rio di Ca' Foscari
CAMPO SANTA MARGHERITA
Palazzo Mocenígo
Palazzo Cornèr-Spinelli
CAMPO SANT'ANGELO
Scuola Grande dei Carmini
Ca' Giustinian
Palazzo Grassi
San Samuele
Ca' Rezzonico
CAMPO SAN SAMUELE
CAMPO SANTO STEFANO
Santo Stefano
San Nicolò dei Mendicoli
Carmini
CAMPO SAN BARNABA
Ca' Rezzonico
CAMPO SAN MAURÍZIO
Venetia Studium
Ángelo Raffaele
DORSODURO
Palazzo Barbaro
Palazzo Barbarigo Minotto
San Sebastiano
Dorsoduro 130
Accademia
PONTE DELL'ACCADEMIA
Santa Maria del Giglio
FONDAMENTA ZATTERE AL PONTE LUNGO
San Basilio
Squero di San Trovaso
Rio di San Trovaso
Gallerie dell'Accademia
Palazzo Barbarigo
Chiesa dei Gesuati
Collezione Peggy Guggenheim
Canale della Giudecca
Zattere
0 400 metros
0 400 yardas

Los *sestieri* de Venecia

Las islas 150
Castello 74
San Marco 54
CASTELLO
SAN MARCO
I Gesuiti (Santa Maria Assunta)
Fondamente Nove
FONDAMENTE NOVE
Canale della Misericordia
Rio dei Gesuiti
Ca' d'Oro
CAMPO DEI SANTI APOSTOLI
CAMPO DELLA PESCHERIA
Rialto Mercato
San Giovanni Crisostomo
Santa Maria dei Miracoli
Drogheria Mascari
CAMPO SAN GIACOMO DI RIALTO
CORTE SECONDA DEL MILION
Monumento a Bartolomeo Colleoni
Ospedale
Rio dei Mendicanti
Scuola Grande di San Marco
Santi Giovanni e Paolo (San Zanipolo)
CAMPO SANTI GIOVANNI E PAOLO
Chiesa di Santa Maria dei Derelitti
Rio di Santa Giustina
Celestia
CAMPO DELLA CONFRATERNITA
VizioVirtù Cioccolateria
Acqua Alta
Fondaco dei Tedeschi
PONTE DI RIALTO
Rialto
CAMPO SANTA MARIA FORMOSA
Chiesa di Santa Maria Formosa
Palazzo Grimani
Scuola Grande di San Teodoro
Scuola di San Giorgio degli Schiavoni
Ca' Loredan
Palazzo Querini Stampalia
Istituto Ellenico
Rio della Pietà
Basílica de San Marco
CAMPO SAN GALLO
Chiesa di San Zaccaria
CAMPO SAN ZACCARIA
CAMPO BANDIERA E MORO
Arsenale
Bacino Orseolo
Palacio Ducal
San Giovanni in Bragora
PLAZA SAN MARCO
PIAZZETTA SAN MARCO
La Pietà
Metropole
RIVA DEGLI SCHIAVONI
Campanario de San Marco
Museo Correr
San Zaccaria
Ponte dei Sospiri
Harry's Bar
GIARDINI EX REALI
San Marco
Arsenale
Museo Storico Navale
Bacino di San Marco
Giardini della Biennale Internazionale d'Arte
Canale di San Marco
Salute
Punta della Dogana
Dogana di Mare
Santa Maria della Salute
ISOLA DI SAN GIORGIO MAGGIORE
San Giorgio
San Giorgio Maggiore

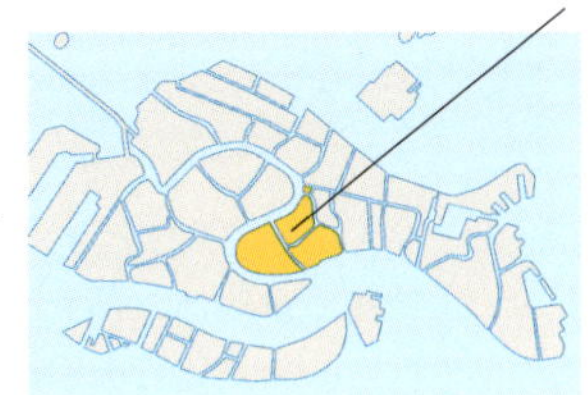

San Marco

San Marco es uno de los barrios más importantes de Venecia, conocidos como *sestieri*. Su centro es la Plaza San Marco, símbolo del esplendor de Venecia con sus góndolas, el gótico Palacio Ducal, antigua residencia de los dux, y la Basílica de San Marco, rica en mosaicos de sabor oriental. El encanto de esta plaza se aprecia mejor a primera hora de la mañana, cuando los cafés abren sus puertas a un nuevo día y los lugares turísticos aún no están abarrotados. Es entonces cuando tienes que buscar refugio en el tranquilo laberinto de calles interiores. Rodeado por el Gran Canal, este *sestiere* está repleto de palacios que bordean sus orillas, muchos de ellos convertidos en galerías y museos. El Teatro La Fenice, un pilar en la historia de la ópera italiana, también se encuentra aquí. Para ir de compras, dirígete al Fondaco dei Tedeschi, al norte: este histórico centro comercial, justo al lado del Puente de Rialto, ocupa un edificio de cuatro plantas, donde se encuentran las marcas más famosas de moda y perfumería y las especialidades gastronómicas locales.

◂ **Plaza San Marco: el *sestiere* se extiende alrededor de esta plaza, con sus animados bares, siempre abarrotados.**

San Marco

Oriente se encuentra con Occidente en este itinerario por la plaza San Marco, símbolo del poder y la gloria de Venecia.

❻ Teatro La Fenice (ver págs. 61-62). **Visita esta joya de teatro antes de dirigirte hacia el oeste a través de Campo Sant'Angelo, Campo Santo Stefano y calle Frutarol hasta Campo San Samuele.**

❼ Palacio Grassi (ver pág. 62). **Admira esta concentración de arte contemporáneo y luego relájate durante un breve paseo en *vaporetto* por el Gran Canal, desde San Samuele hasta Rialto, en el lado de San Marco.**

SAN MARCO DISTANCIA: 2,5 KM DURACIÓN: 7-8 H SALIDA: PLAZA SAN MARCO

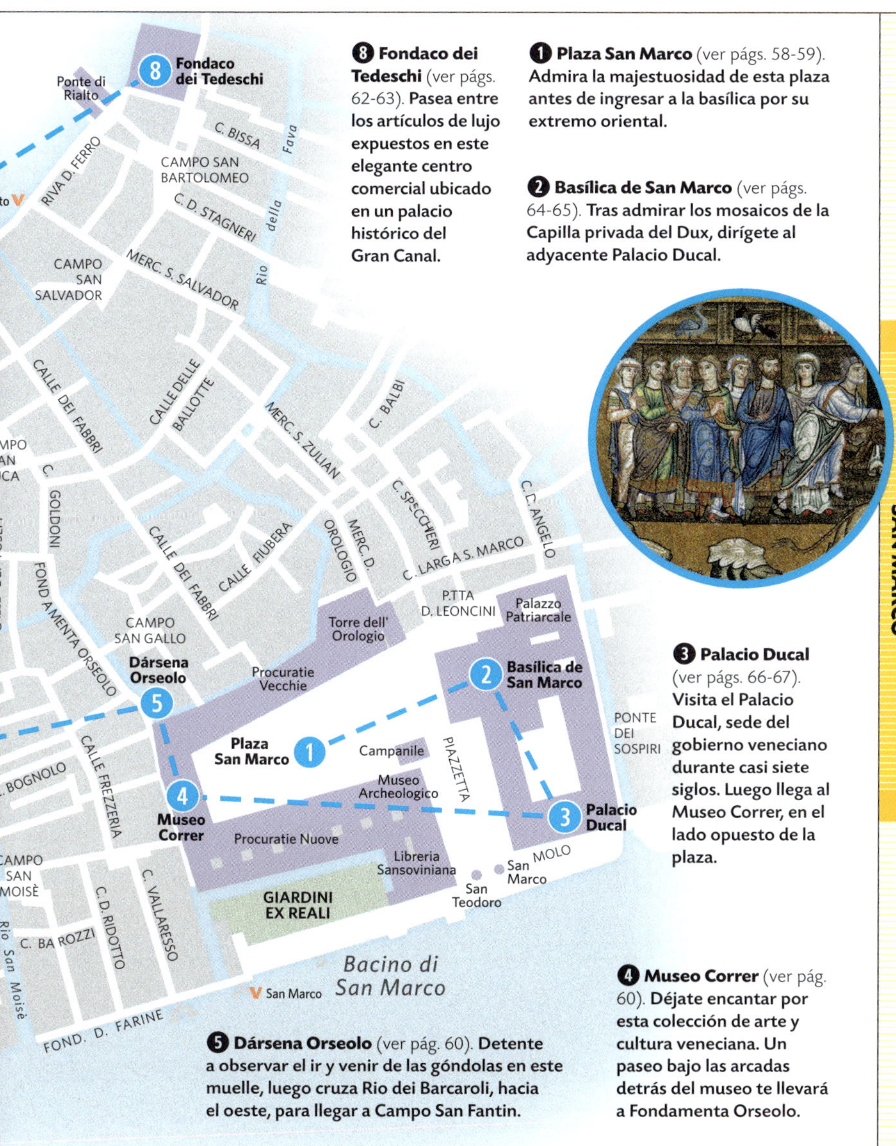

8 Fondaco dei Tedeschi (ver págs. 62-63). Pasea entre los artículos de lujo expuestos en este elegante centro comercial ubicado en un palacio histórico del Gran Canal.

1 Plaza San Marco (ver págs. 58-59). Admira la majestuosidad de esta plaza antes de ingresar a la basílica por su extremo oriental.

2 Basílica de San Marco (ver págs. 64-65). Tras admirar los mosaicos de la Capilla privada del Dux, dirígete al adyacente Palacio Ducal.

3 Palacio Ducal (ver págs. 66-67). Visita el Palacio Ducal, sede del gobierno veneciano durante casi siete siglos. Luego llega al Museo Correr, en el lado opuesto de la plaza.

4 Museo Correr (ver pág. 60). Déjate encantar por esta colección de arte y cultura veneciana. Un paseo bajo las arcadas detrás del museo te llevará a Fondamenta Orseolo.

5 Dársena Orseolo (ver pág. 60). Detente a observar el ir y venir de las góndolas en este muelle, luego cruza Rio dei Barcaroli, hacia el oeste, para llegar a Campo San Fantin.

Plaza San Marco

1 La auténtica plaza de Venecia, San Marco, es a la vez el corazón de la Venecia histórica y el centro de su vida moderna. Mezcla fascinante de Oriente y Occidente, su ambiente, no del todo europeo ni siquiera italiano, es el legado de la historia de Venecia, que pervive en sus cúpulas bizantinas, mosaicos orientales y palacios góticos. Antigua sede del gobierno de los dux, que durante siglos dirigieron el imperio veneciano, la plaza también ha albergado cárceles, ha sido lugar de ejecuciones y cuenta con un mercado popular. En el lado este de la plaza se alza la **Basílica de San Marco** con sus elaboradas decoraciones –originalmente la Capilla privada del Dux (ver págs. 64-65)– y el **Palacio Ducal** (ver págs. 66-67), con vistas a la costa. La dársena, conocida como **Bacino di San Marco**, donde antiguamente atracaban sus barcos los dignatarios y embajadores extranjeros que entraban en la ciudad,

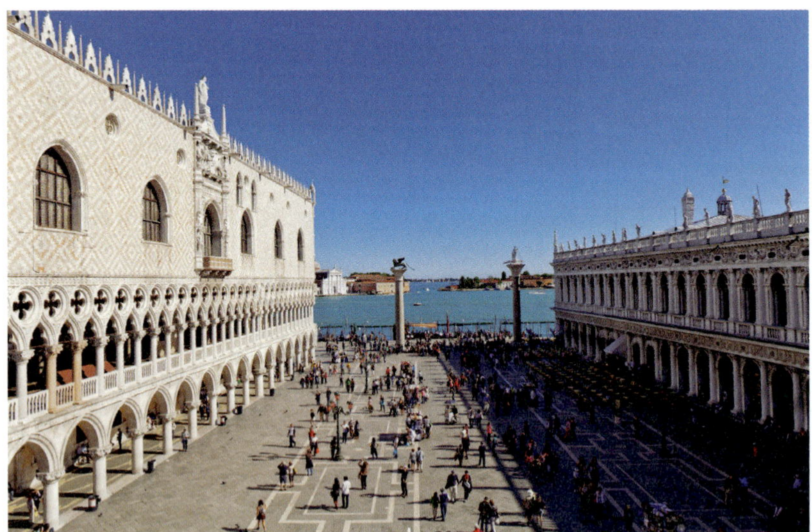

Plaza San Marco, con el Palacio Ducal (izquierda) y la Biblioteca Nacional Marciana (derecha).

es hoy un concurrido muelle de góndolas. Frente a la basílica, en el lado oeste de la plaza, se encuentra el **Museo Correr** (ver pág. 60), una fascinante panorámica del arte, la historia y la cultura de Venecia. En el lado norte de la plaza se alza la renacentista **Torre del Reloj** (*848 082 000, cerrado el 1 de enero y el 25 de diciembre, €€€€ – reserva obligatoria, torreorologio.visitmuve.it*). Contempla el gran reloj astronómico y los dos musulmanes que tocan la campana en lo alto de la torre. En la Plaza San Marco no faltan cafés y bares al aire libre donde sentarse a ver pasar la vida; entre ellos, el **Caffè Florian** (*n.º 57, 041 520 5641, €, caffeflorian.com*), considerado el más antiguo del mundo. Tómate tu tiempo para subir en ascensor hasta la cima del **Campanario** (*041 270 8311, €, basilicasanmarco.it*), llamado cariñosamente por los venecianos el «parón de casa». Desde sus casi 99 m, se disfruta de una espectacular vista de 360 º de la ciudad. En tiempos de la República veneciana, cada una de las cinco campanas tenía una función distinta: una convocaba a los senadores al Palacio Ducal, otra anunciaba las ejecuciones haciendo sonar el toque de difuntos. Hoy solo marcan las horas.

Plaza San Marco • *Vaporetto*: San Marco

UNA **CURIOSIDAD**

La Plaza San Marco, descrita por Napoleón Bonaparte como el salón más famoso de Europa, está enmarcada por dos columnas de granito en el extremo que da a la laguna. Una data del siglo XII y está coronada por un león alado, que representa a San Marcos, mientras que la otra celebra a San Teodoro, primer patrón de la ciudad. Según la tradición, pasar entre las dos columnas es de mal agüero, ya que en ellas se llevaban a cabo ejecuciones.

SAN MARCO

Basílica de San Marco

2 (ver págs. 64-65)

Plaza San Marco 328 • 041 270 8311 • Entrada a la basílica €; Museo €€€; Pala d'Oro €€ • *Vaporetto*: San Marco • basilicasanmarco.it

Palacio Ducal

3 (ver págs. 66-67)

Plaza San Marco • 041 271 5911 • €€€€€ (incluye entrada a los museos: Correr, Arqueológico Nacional, Salas Monumentales de la Biblioteca Nacional Marciana) • *Vaporetto*: San Marco • palazzoducale.visitmuve.it

Museo Correr

4 El Museo Correr alberga una serie de colecciones que ilustran la historia de Venecia. El itinerario comienza en el primer piso, con las **Salas Neoclásicas** y la **Colección Canoviana**, que conserva obras de Antonio Canova, recientemente restauradas. La visita continúa en los espacios de las **Procuradurías nuevas** con colecciones históricas sobre las instituciones, el poder naval, económico, militar y la vida cotidiana. Se puede visitar (con reserva y con un acompañante cualificado) el nuevo recorrido de las veinte habitaciones reales, que incluye los apartamentos privados de los representantes de las casas Bonaparte, Habsburgo y Saboya y la visita a las habitaciones de la emperatriz Sissi de los Habsburgo. La entrada incluye el acceso al **Museo Arqueológico Nacional** y a las Salas Monumentales de la **Biblioteca Nacional Marciana** (*041 240 7211, cerrado el 1 de enero y el 25 de diciembre*). Diseñada por Jacopo Sansovino en 1537, está aún en funcionamiento y cuenta con obras maestras de Tintoretto, Tiziano y Veronese.

Plaza San Marco 52 • 041 240 5211 • Cerrado el 1 de enero y el 25 de diciembre • €€€€ • *Vaporetto*: San Marco • correr.visitmuve.it

DÓNDE **COMER**

■ CANOVA BY SADLER
Servicio elegante y platos tradicionales venecianos e italianos, desde ensalada de bogavante hasta langostinos. Chef con estrella. **Baglioni Hotel Luna, San Marco 1243, 041 528 9840, €€€€-€€€€€**

■ ENOTECA AL VOLTO
Toma un tentempié veneciano en esta *trattoria* a la antigua usanza, con vinos locales y platos ligeros, desde *bruschettas* a *spaghetti* con marisco. **Calle Cavalli 4081, 041 522 8945, €**

■ LE MASCHERE
Restaurante de ambiente acogedor, con generosos platos de langostinos a la plancha, *risotto alla parmigiana* con trufas y postres caseros. **Splendid Venice Hotel, San Marco Mercerie 760, 041 2410276, €€€**

Dásrena Orseolo

5 Después de sumergirte de lleno en el arte, haz una parada en el muelle principal de góndolas y observa a los gondoleros charlando en las cubiertas y regateando con los clientes. Es el lugar idóneo para ver un desfile de góndolas y uno de los muchos donde puedes reservar un paseo (ver pág. 175). Asegúrate de pagar la tarifa oficial y acordar el itinerario de antemano. Para un paseo romántico, elige los canales interiores; para una vista espectacular, el Gran Canal.

Calle del Salvadego • *Vaporetto*: San Marco

Teatro La Fenice

6 Aunque no asistas a una representación, la Ópera de Venecia te fascinará. Bautizada como «La Fenice», esta desafortunada joya ha sido arrasada por los incendios en dos ocasiones (1836 y 1996), pero siempre ha resurgido de sus cenizas. Tras el último incendio, celebridades internacionales de la ópera lamentaron la pérdida del «teatro de ópera más bello del mundo».

La reconstrucción de La Fenice se basó en el lema «como era, donde era», y finalizó en 2003. Enclavado entre canales, este pequeño teatro neoclásico revela un interior rococó en rojo y dorado, en forma de herradura. La visita incluye una audioguía de 45 min que recorre la historia del teatro, desde el renacido auditorium hasta el opulento palco real. Escucharás cómo Rossini y Bellini pusieron en escena sus óperas en este espacio ricamente

Las góndolas se disputan el espacio en la concurrida Dársena Orseolo.

INFORMACIÓN **TURÍSTICA**

En **La Fenice** la temporada de ópera y ballet (aprox. de octubre / noviembre a junio / julio) varía de un año a otro y las entradas se agotan rápidamente: reserva con antelación en Internet (€€€€€). El teatro también cuenta con un rico programa de música sinfónica durante todo el año.

decorado, donde la luz de las arañas compite en esplendor con el dorado de los balcones y los estucos adornados con querubines. También hay una exposición permanente dedicada a Maria Callas. Si tienes suerte, tu visita coincidirá con un ensayo general; si no, consulta el programa y disfruta de una ópera. Elige las primeras filas del patio de butacas en lugar de un palco.

Campo San Fantin 1965 • 041 272 2699 • €€€ • *Vaporetto*: Rialto, San Marco • teatrolafenice.it

Palacio Grassi

7 El Palacio Grassi es un excelente escaparate donde se exponen obras rotativas de las colecciones de su propietario, François-Henri Pinault, quien también es propietario de Gucci, Château Latour y la casa de subastas Christie's. Al confiar las obras al arquitecto japonés Tadao Ando, Pinault transformó este palacio del siglo XVIII a orillas del Gran Canal en un importante centro de arte contemporáneo. Los espacios de exposición minimalistas de Ando crean un efecto espectacular en contraste con los interiores neoclásicos originales. Las entradas incluyen la visita a un lugar igualmente importante en Dorsoduro, **Punta della Dogana** (Museo de Arte Contemporáneo, ver pág. 137). Ambos están abiertos al público solo durante las exposiciones. Recientemente concluyó la primera exposición mundial dedicada a los tesoros fotográficos recientemente adquiridos por la Colección Pinault, algunos de ellos nunca antes vistos por el gran público. Admira también las espléndidas instalaciones a lo largo del Gran Canal.

Campo San Samuele 3231 • 041 2401 308 • Cerrado ma. y 25 de diciembre • €€€€ • *Vaporetto*: San Samuele • palazzograssi.it

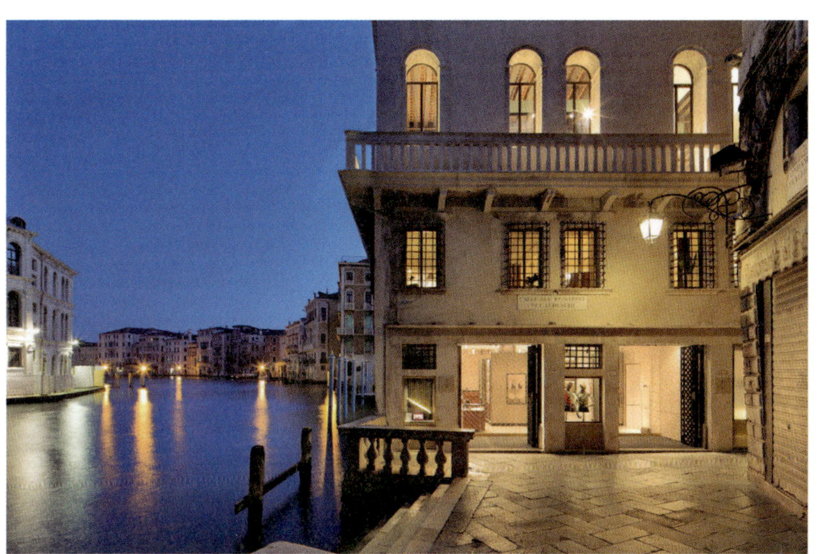

El austero y discreto exterior del Fondaco dei Tedeschi.

Fondaco dei Tedeschi

8 El Fondaco dei Tedeschi (o Fontego) tiene 800 años de historia. Nombrado por los antiguos barrios de mercaderes alemanes; fue el centro comercial más importante de Rialto. Tras una renovación del arquitecto holandés Rem Koolhaas, el edificio se transformó en un centro de lujo de cuatro plantas. La construcción original data de 1228 y sigue siendo el segundo edificio más grande de la ciudad. Durante siglos, se comercializó con especias, sedas y otras mercancías. Además de moda, hay productos de belleza, joyas y marcas de confitería y alimentación, exposiciones de arte moderno, una terraza en la azotea, incluso artesanía local en la planta baja. Admira el **Puente de Rialto** (ver pág. 114) que une el barrio aristocrático de San Marco con el barrio comercial de San Polo.

Salizada Fontego dei Tedeschi • *Vaporetto*: San Marco

Basílica de San Marco

Inspirada en las iglesias de Constantinopla, esta basílica única transporta a Occidente el alma del esplendor bizantino.

El león alado, símbolo de Venecia, destaca en la fachada de la basílica.

Consagrada en el año 832, la basílica no se convirtió en catedral de Venecia hasta 1807, por Napoleón. Antes de eso fue un mausoleo para albergar las reliquias de San Marcos y Capilla ceremonial de los dux. Destruida por un incendio en el 976, fue reconstruida entre 1063 y 1094, conservando la planta de cruz griega. El resultado es ecléctico, pero armonioso, con una elaborada fachada de mármol y cinco cúpulas. El interior destaca por su complejidad y la fusión de diferentes estilos; los mosaicos se cuentan entre las obras maestras más admiradas.

■ Mosaicos resplandecientes

Al entrar en la basílica, se tiene la impresión de estar en una mezquita o en el palacio de un sultán. El interior está totalmente decorado con mosaicos, muchos de ellos con pan de oro. Incluso las ventanas de este extravagante escenario habían sido tapiadas para dejar espacio a más mosaicos. Se representan escenas bíblicas, como el descenso del Espíritu Santo en forma de paloma en la **Cúpula de Pentecostés**, sobre la nave. Los mosaicos del suelo se asemejan a una alfombra oriental, donde figuras de animales se entrelazan con motivos florales y geométricos.

■ El Altar y la Pala d'Oro

Una entrada independiente permite acceder al presbiterio, donde se encuentra el **sarcófago de San Marcos** (ver pág. 68), que supuestamente contiene sus restos, y la **Pala d'Oro**, un altar medieval, majestuosa obra de orfebrería, recubierto de gemas y realizado por artesanos de Constantinopla, pero decorado por venecianos.

UNA **CURIOSIDAD**

A pocos pasos de la Pala d'Oro busca una piedra en forma de corazón en el suelo: señala donde está enterrado el corazón del dux Francesco Erizzo (fallecido en 1646), a petición propia (el cuerpo está enterrado en su casa natal). En la piedra hay grabadas dos figuras: un sombrero de dux y un puercoespín, emblema de la familia.

■ El Tesoro

Tras la conquista de Constantinopla en 1204, Venecia celebró su triunfo exhibiendo el botín, el **Tesoro de San Marco**, compuesto por una rica colección de unos 280 objetos bizantinos de oro, plata y cristal.

■ El Museo

Sobre la puerta de acceso se encuentra el **Museo de San Marco**, con caballos de bronce de la época clásica que antaño adornaban el hipódromo de Constantinopla. Una copia de los caballos, símbolo nostálgico de la independencia veneciana. Asómate a la galería para disfrutar de las magníficas vistas de la plaza.

Plaza San Marco • 041 270 8311 • Entrada a la basílica €; Museo €€; Pala d'Oro €€ • *Vaporetto*: San Marco • basilicasanmarco.it

Palacio Ducal

Recorre las salas de este palacio gótico repleto de frescos para imaginar la vida del jefe supremo de la Serenísima República de Venecia.

La Sala del Gran Consejo, decorada con el *Paraíso* de Domenico y Jacopo Tintoretto.

Desde el siglo IX hasta la caída de la República en 1797, el Palacio Ducal fue el centro del poder veneciano: sede del gobierno, albergaba también los tribunales de la ciudad y las sombrías prisiones estatales. El Dux (o *Doge*) era un «servidor de honor de la República», que vivía en una jaula dorada, estrechamente vigilado por guardias, en el «palacio de las sombras», que a su vez era sede del estado policial respaldado por inflexibles inquisidores, pasadizos secretos y «bocas de la verdad» para las denuncias anónimas.

■ Patio y columnata

Al entrar en el patio del palacio, mira hacia la galería del primer piso: dos columnas rosas marcan el punto desde el que se anunciaban las sentencias de muerte. La galería permite recorrer las tres alas: este, sur y oeste del palacio. La triunfal **Escalera de los Gigantes** está adornada por dos imponentes estatuas de Marte y Neptuno, símbolos de la supremacía veneciana en tierra y mar. En lo alto de esta escalinata, el dux era coronado con un tocado ceremonial engastado con gemas: el cuerno ducal.

■ Apartamento Ducal

Sube por la monumental **Escalera de los Censores** hasta las habitaciones del dux, en el primer piso, que siempre han estado situadas en este ala entre el Rio della Canonica, la actual Escalera Dorada y el ábside de la Basílica de San Marco. Hay varias salas destinadas a la vida privada y algunas a la representación, como la **Sala del Escudo**, empapelada con mapas del imperio. Una terraza daba acceso privado a la **Basílica de San Marco** (ver págs. 64-65) y una escalera secreta conduce al piso superior (que puede visitarse con la ruta «**Itinerarios secretos**»).

INFORMACIÓN **TURÍSTICA**

Previa reserva y con un guía cualificado (*848 082 000, €€€€€, muve.vivaticket.it*) es posible realizar los Itinerarios secretos (*alrededor de 1:15 h todos los días en italiano, inglés y francés*), desde la Sala de los Inquisidores hasta la Cámara de la Tortura, pasando por las celdas; los Tesoros ocultos del Dux (*alrededor de 1:15 h todos los días en italiano, inglés y francés*).

■ Cámaras Institucionales

Antes de subir la **Escalera Dorada**, te encontrarás frente a una **Boca de la Verdad**, donde los ciudadanos realizaban denuncias anónimas. Las Cámaras Institucionales son una muestra del arte, la escultura y la artesanía venecianas. La enorme **Sala del Gran Consejo**, donde se guarda el trono del dux, está llena de pinturas, entre ellas el *Triunfo de Venecia* de Veronese.

■ Prisiones

Las **Prisiones** son el lado oscuro del palacio, un aparato secreto dirigido por inquisidores, espías y torturadores. Pasea por el **Puente de los Suspiros**, llamado así porque desde allí los condenados lanzaban el último aliento.

Plaza San Marco • 041 271 5911 • €€€€-€€€€€ • *Vaporetto*: San Marco • palazzoducale.visitmuve.it

La Serenísima

En la cima del poder y la prosperidad, la Serenísima República de Venecia era vista por sus contemporáneos con una mezcla de envidia y asombro. ¿Cómo podía esta ciudad fundada por refugiados con poco más que agua y barro haberse convertido en un centro comercial de fabulosa riqueza y en la soberana de un vasto imperio mediterráneo?

Cáliz bizantino del tesoro de la Basílica de San Marco. Página opuesta: Canaletto, *El retorno del Bucintoro*, c. 1729-1730.

Comienzos humildes

En los siglos oscuros y peligrosos que siguieron a la caída del Imperio Romano de Occidente, las gentes que huían de la inseguridad de los territorios continentales asolados por la guerra establecieron asentamientos dispersos en las extensiones fangosas de la laguna. Venecia, conocida entonces como Rivoalto y más tarde como Rialto, era una de ellas, no más importante que Torcello, Murano o Burano. Entonces, en el 829, dos mercaderes venecianos robaron los restos de San Marcos Evangelista de Alejandría, que había caído bajo dominio musulmán, y los llevaron a Rivoalto en un barril que contenía carne de cerdo. Para albergar las sagradas reliquias, se construyó la **Basílica de San Marco** (ver págs. 64-65) y alrededor de ella comenzó a expandirse la ciudad de Venecia. La técnica empleada para construir la ciudad fue una de sus principales maravillas. Decenas de pequeños bancos de barro, atravesados por canales, debían transformarse en una ciudad de piedra y ladrillo. Los constructores plantaron pilares de madera en parcelas desecadas para levantar imponentes edificios de tres y cuatro plantas. Rodeada de agua que la protegía de los enemigos en tierra, la ciudad invirtió sus recursos en convertirse en una potencia en el mar. En el año 1000 ya gobernaba el Adriático, sus barcos transportaban caballeros cruzados a Tierra Santa (previo pago) y sus mercaderes amasaban fortunas importando artículos de lujo de Oriente. Una serie de colonias a lo largo de la costa mediterránea proporcionaban bases a las flotas navales y comerciales.

El dominio mercantil

Al ser comerciantes y no terratenientes, los venecianos gobernaban la ciudad como una empresa comercial y no como Estado. Rechazaron el principio hereditario común en aquella época en Europa, las familias más ricas elegían de entre su círculo al gobernador de Venecia como dux; un cargo vitalicio, que no podía conceder cargos de poder a miembros de su familia ni intervenir en

la elección del sucesor. El sufragio estaba limitado a los cabezas de las familias de mayor rango que figuraban en el *Libro de Oro*, guardado bajo llave en el Palacio Ducal. Estos nobles, 1200 en total, constituían el Gran Consejo de la ciudad.

La riqueza y el poder de la ciudad alcanzaron su apogeo en el siglo XV. Venecia dominó gran parte del norte de Italia, pero su expansión significó participar en guerras que afectaron a los estados italianos durante el Renacimiento. En el Mediterráneo oriental Venecia encontró un enemigo con el que no podía rivalizar: el Imperio Turco Otomano. La caída de Constantinopla en manos de los otomanos en 1453 fue un desastre, Venecia perdió su posición privilegiada en el Mediterráneo oriental. Los otomanos construyeron una poderosa flota y comenzaron a arrasar las colonias venecianas. A pesar de algunas victorias, como la de Lepanto en 1571, la desintegración del imperio de Venecia en el mar fue lenta pero inexorable.

***La batalla de Lepanto entre la Santa Liga y los otomanos*, octubre de 1571 (Antonio Vassilacchi, 1600).**

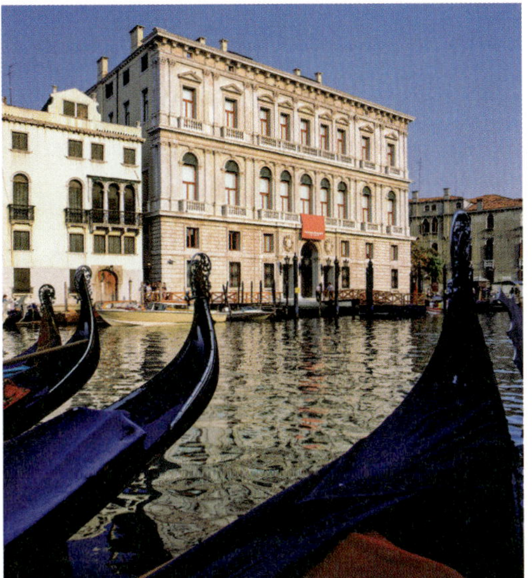

Palacio Grassi, el último palacio construido a lo largo del Gran Canal.

RÉGIMEN **POLICIAL**

La élite veneciana defendía su poder tan implacablemente como perseguía la acumulación de riquezas. A partir de 1310, se creó un Consejo de los Diez para reprimir toda forma de subversión y corrupción en el seno de la República.
El Consejo se servía de una red de informadores policiales que entregaban a los sospechosos a las tristemente célebres prisiones y cámaras de tortura. Los identificados como enemigos del Estado podían ser mutilados o ejecutados públicamente, o bien eran ahogados en secreto por la noche.

El fin de una era

En los albores del siglo XVIII, Venecia se consideraba un lugar de placer, una delicia para los visitantes extranjeros en busca de ocio. Incapaz de defenderse de una potencia avasalladora, la República de la Serenísima sobrevivió hasta 1797, cuando el general francés y futuro emperador Napoleón Bonaparte ordenó su disolución en nombre de la revolución, saqueando la mayor parte de sus tesoros. Venecia pasó del dominio francés al austriaco antes de ser anexionada a la recién unida Italia en 1866 como una provincia remota. Muchos han predicho desde hace tiempo el colapso final de la ciudad, a medida que disminuye su población, aumenta la contaminación y toda su estructura se hunde gradualmente en la laguna. Pero las gloriosas reliquias de la Serenísima siguen sobreviviendo contra viento y marea, desafiando a los agoreros.

SAN MARCO

La vida nocturna

Venecia no es famosa por sus *pubs* y discotecas abiertos hasta altas horas de la madrugada. Los venecianos prefieren escuchar música clásica o *jazz* en directo en uno de los muchos clubs, tomarse un *spritz* mientras contemplan la puesta de sol o darse a la buena vida en una de las muchas placitas.

■ LOCALES DE MÚSICA EN DIRECTO

Por lo general, las actuaciones nocturnas son conciertos. En San Marco, la **Escuela Grande de San Teodoro** (*San Marco 4810, 041 528 7227, scuolagrandesanteodoro.it*) acoge veladas de ópera o conciertos, como el de las *Cuatro estaciones* de Vivaldi, con orquesta y cantantes vestidos con trajes del siglo XVIII. En Dorsoduro, la **Escuela Grande dei Carmini** (*Dorsoduro 2616, 041 528 9420, €€€€€, venicemusicproject.it*) ofrece conciertos de música clásica y ópera de marzo a diciembre. Para los amantes de la música en directo está **Bacarando** (*Corte Dell'Orso 5495, 041 523 8280, €€, bacarando.com*), un pequeño y animado club donde todos los miércoles tocan grupos. Para el *jazz*, el **Venice Jazz Club** (*Dorsoduro 3102, 041 523 2056, cerrado do. y lu., €€€€€, venicejazzclub.com*) abre todas las noches a partir de las 21:00 h.

■ *SPRITZ* AL ATARDECER

La forma ideal de empezar la noche es hacer como los venecianos y admirar la puesta de sol frente a un *spritz*. En Castello, **Bar Terrazza Danieli** (*Riva degli Schiavoni 4196, 041 522 6480, €€€€, hoteldanieli.com*), el exclusivo bar con terraza en la azotea del prestigioso Hotel Danieli, tiene vistas a la laguna. En Zattere, en el barrio de Dorsoduro, el mejor lugar para disfrutar de una vista espectacular de la puesta de sol es **El Chioschetto** (*Fondamenta Zattere al Ponte Lungo 1406, 348 396 8466, €*), un pequeño quiosco en la costa. En Cannaregio, puedes contemplar la puesta de sol sobre el Gran Canal en **Taverna Al Remer** (*Cannaregio 5701, 041 522 8789, €€, tavernaremer.com*). Sentado en el muelle, podrás disfrutar de la vista de los últimos rayos del sol mientras contemplas el **Mercado de Rialto** (ver págs. 114-115).

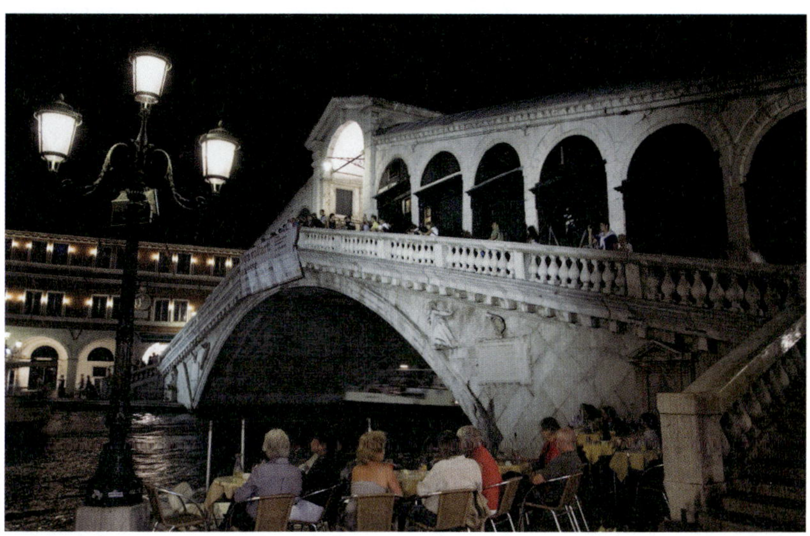

Mesas al aire libre junto al Puente de Rialto.

■ De bar en bar como auténticos venecianos

En Venecia la oferta de locales se caracteriza por pequeños bares donde la gente pasa el rato al aire libre incluso en invierno. En San Polo siempre hay vida en **Campo Cesare Battisti, antiguo Bella Viena**, al lado del Mercado de Rialto. Muy cerca de la parada del *vaporetto*, **Muro Rialto** (*San Polo 222, 041 241 2339, €*), con sus mesas en la acera, siempre está lleno de gente. **Al Mercà** (*Campo Bella Viena 213, 346 834 0660, €*) es un pequeño bar donde se sirve en la barra, con una excelente carta de vinos. Pasa bajo el arco que conduce a Campo San Giacomo di Rialto para encontrar **BancoGiro** (*San Polo 122, 041 523 2061, €, osteriabancogiro.it*). Aquí podrás pararte bajo los arcos del Tribunal de Venecia por un lado o contemplar el Gran Canal por el otro. Los noctámbulos no deberían perderse los alrededores de **Campo Santa Margherita** (ver págs. 138-139), en Dorsoduro. **Cafè Noir** (*Dorsoduro 3805, 041 200 7893, €-€€*) tiene un ambiente animado y **Osteria alla Bifora** (*Dorsoduro 2930, 041 523 6119, €€*) un precioso interior.

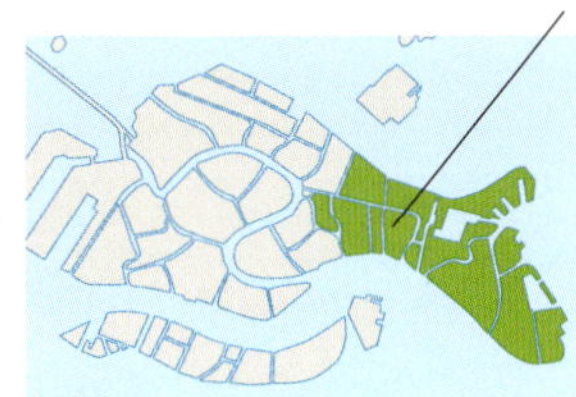

Castello

Encaramado en el extremo oriental de Venecia, este *sestiere* fue el centro del trabajo más duro durante la Edad Media y el Renacimiento; aquí estaban los muelles, siempre abarrotados, donde se descargaban las mercancías que llegaban de todo el mundo y los grandes astilleros crearon y preservaron el poderío marítimo de Venecia. Hoy Castello (el nombre procede de un fuerte medieval que se alzaba en el islote de San Pietro) es el mayor y más variado de los seis barrios de la ciudad. Los antiguos muelles se han transformado en un agradable paseo marítimo y el complejo naval del Arsenal se ha convertido en una de las principales sedes de la prestigiosa Bienal de Venecia de Arte y Arquitectura. Castello también presume de hermosas iglesias, en particular la de la Pietà y la dedicada a los santos Giovanni y Paolo, así como de grandes escuelas ricamente decoradas y museos dedicados al mar y a la historia de la medicina. Gracias a la abundancia de espacios y otros en proceso de restauración, el distrito cuenta con parques e islas verdes, lo que lo convierte en el lugar ideal para relajarse.

◂ **Una pareja en traje tradicional baila en la Riva degli Schiavoni durante el Carnaval.**

Castello

El extremo oriental de la ciudad ofrece hermosos paseos por la costa, arquitectura variada y una fortaleza inexpugnable junto al mar.

❶ Santos Giovanni y Paolo (ver págs. 84-85). **Admira el políptico de Bellini y el altar mayor en esta impresionante basílica, antes de salir a la plaza frente a la iglesia.**

❷ Escuela Grande de San Marco (ver págs. 78-79). **Al otro lado de la plaza, visita la institución dedicada a San Marco. Dirígete hacia el sur hasta Campo Santa Maria Formosa, con la iglesia del mismo nombre.**

❸ Iglesia de Santa Maria Formosa (ver págs. 79-80). **En la fachada de esta iglesia en particular, busca la grotesca fachada de piedra. Camina hacia el sur por Salita Corte Rotta y cruza Campo San Zaccaria para llegar a la costa.**

FONDAMENTE NOVE
Ospedale
Canale
2 Escuela Grande de San Marco
1 Santos Giovanni y Paolo
CAMPO SS. GIOV. E PAOLO
CAMPO S. MARINA
CAMPO S. MARIA FORMOSA
SALIZ. SAN LIO
CAMPO FAVA
3 Iglesia de Santa Maria Formosa
FOND. DI SAN SEVERO
CAMPO S. GIUSTINA
CAMPO S. LORENZO
Escuela de San Giorgio degli Schiavoni 6
CAMPO SS. FILIPPO E GIACOMO
CAMPO SAN ZACCARIA
CAMPO BANDIERA E MORO
Riva degli Schiavoni 4
5 La Pietà
RIVA DEGLI SCHIAVONI
San Zaccaria

❹ Riva degli Schiavoni (ver pág. 80). **Almuerza mientras disfrutas de la vista de la isla de San Giorgio, luego dirígete hacia el este por el muelle, pasando la estatua ecuestre.**

❺ La Pietà (ver págs. 80-81). **Vivaldi fue maestro de coro en esta iglesia del siglo XVIII, famosa por su excelente acústica. Acorta por la calle de la Pietà, al lado de la iglesia, y llega a Fondamenta Furlani.**

CASTELLO DISTANCIA: 7,2 KM DURACIÓN: 7-8 H
SALIDA: CAMPO SS. GIOVANNI Y PAOLO

7 Museo de Historia Naval (ver pág. 82). Barcos históricos y reproducciones forman una colección dedicada al poder marítimo de Venecia. Siguiendo hacia el norte se llega al Arsenal.

6 Escuela de San Giorgio degli Schiavoni (ver págs. 81-82). Admira la pintura épica de San Giorgio matando al dragón. Vuelve a Riva degli Schiavoni, sigue por la orilla hacia el este y cruza el puente al final.

8 Arsenal (ver págs. 82-83). Maravíllate ante la grandeza del mayor astillero del mundo.

CASTELLO

Santos Giovanni y Paolo

1 (Ver págs. 84-85)

Campo dei Santi Giovanni e Paolo 6363 • 041 523 5913 • € •
***Vaporetto*: Ospedale • santigiovanniepaolo.it**

Escuela Grande de San Marco

2 Compartiendo la plaza con la Iglesia de los Santos Giovanni y Paolo hay un edificio más pequeño pero con más detalle dedicado a San Marco. Al contrario de lo que sugiere el nombre, las «scuole grandi» de Venezia no eran instituciones educativas sino organizaciones religiosas dedicadas a la caridad. San Marco era una de las más grandes, una hermandad que se preocupaba por los venecianos necesitados, organizaba procesiones religiosas y apoyaba fervientemente a los artistas. Construida a finales del siglo xv, la magnífica sede es una obra maestra del arquitecto y escultor Pietro

El león alado de San Marco destaca en la elaborada fachada de la Escuela Grande de San Marco.

Lombardo, que muestra influencias renacentistas y bizantinas. Observa cómo la fachada de mármol blanco destaca con el ladrillo rojo de la basílica contigua. El gran pasillo de entrada está sostenido por diez altos pedestales, rematados por columnas corintias, aunque ha sido despojado de muchas de las decoraciones originales. Dos puertas conducen a la escalera que conduce a la **Sala Capitular,** en el segundo piso. La sala alberga la Biblioteca Médica, una colección muy interesante de textos e instrumentos médicos antiguos, pero la atracción principal es el techo de madera del siglo XVI, tallado por Vettor Scienzia da Feltre y Lorenzo di Vincenzo da Trento, así como las pinturas de varios artistas que ilustran la vida de San Marco.

Campo dei Santi Giovanni e Paolo 6777 • 041 529 4323 • Cerrado lu. y do. • € • *Vaporetto*: Ospedale • scuolagrandesanmarco.it

DÓNDE **COMER**

■ **ALLA RIVETTA**
Los platos tradicionales de la laguna caracterizan esta *trattoria* situada en un lugar apartado, cerca del Puente San Provolo. **Salizada San Provolo 4625, 041 528 7302, €€**

■ **OSTERIA OLIVA NERA**
Pide *carpaccio* de mariscos o una fritura mixta en esta encantadora osteria que sirve platos tradicionales venecianos con un toque moderno. **Castello 3447/3417, 041 522 2170, €€€**

■ **TERRAZZA DANIELI**
Este restaurante en la azotea del Hotel Danieli encanta con la vista de la dársena de San Marco y el perfil de los tejados de Venecia. **Riva degli Schiavoni 4196, 041 522 6480, €€€€**

Iglesia de Santa Maria Formosa

3 Esta singular iglesia cuenta con dos fachadas, una de estilo clásico y otra barroco, un inusual campanario y una intrigante fachada de piedra. Santa Maria Formosa fue construida en 1492 sobre los restos de una iglesia anterior arrasada por un incendio. El arquitecto Mauro Codussi construyó sobre la planta griega original una planta latina de tres naves con presbiterio, ábsides semicirculares y grandes capillas a los lados. Debe su nombre a un obispo veneciano del siglo VII que, según la leyenda, tuvo una visión de la Virgen María en forma de una bella matrona. La grotesca cara de piedra llamada *mascherone,* una figura barbuda con la boca torcida y dientes grandes, está colocada estratégicamente en la base del campanario barroco para evitar que el diablo toque las campanas por despecho. El interior de la iglesia está decorado con obras tradicionales como *La Virgen y el Niño con los Santo Domingo*

y Jacinto de Tiepolo, *La última Cena* de Bassano y el *Políptico de Santa Bárbara* de Jacopo Palma el Viejo.

Campo Santa Maria Formosa • 041 523 4645 • Cerrado do. • € • *Vaporetto*: Ospedale, Rialto, San Zaccaria • santamariaformosa.it

Riva degli Schiavoni

4 Este popular paseo entre la **Plaza San Marco** (ver págs. 58-59) y el **Arsenal** (ver págs. 82-83) está lleno de puestos de comida y *souvenirs*, cafés al aire libre, amarres para barcos y muchos lugares para observar la animada vida que se desarrolla en la dársena de San Marco. El paseo toma su nombre de los marineros eslavos (*schiavoni* en la época de la República) que navegaban por el Adriático entre Venecia y la costa dálmata y se alojaban aquí. A medio recorrido se erige la estatua de Víctor Manuel II de 1887.

Entre Rio di Palazzo y Rio Ca' di Dio, en la dársena de San Marco • *Vaporetto*: Arsenale, San Marco, San Zaccaria

Iglesia de La Pietà

5 Este lugar de culto también recibe el nombre de Iglesia de Vivaldi por su relación con el famoso compositor. Fue encargada como capilla del Ospedale della Pietà, institución que era convento, orfanato y conservatorio de música, donde Vivaldi enseñó violín y ejerció como maestro de coro entre 1703 y 1740, además de componer piezas para la iglesia. Diseñada por Giorgio Massari, la estructura es una nueva versión de la capilla anterior, erigida poco después de la muerte del compositor en 1741. La planta ovalada dota al interior de una excelente acústica, que los visitantes pueden apreciar durante los conciertos programados a lo largo del año, interpretados por **I Virtuosi Italiani** (*333 111 7598, €€€€€, ivirtuositaliani.eu*), desde 2011. Entre las obras maestras de la Pietà se encuentran el techo pintado al fresco con la *Coronación de la Virgen*, de Tiepolo, y el retablo de *La visitación* de Piazzetta y Angeli.

Riva degli Schiavoni 3702 • 041 522 2171 • €€ • *Vaporetto*: San Zaccaria • pietavenezia.org

***Coronación de la Virgen* de Tiepolo en la Iglesia de La Pietà.**

Escuela de San Giorgio degli Schiavoni

6 Sede de otra de las cofradías católicas que florecieron en la Venecia medieval y renacentista, San Giorgio está encerrado entre dos canales que se ramifican desde la Riva degli Schiavoni. Como su nombre indica, aquí también hay una conexión eslava; los expatriados dálmatas que fundaron esta gran escuela dedicaron la institución benéfica a San Jorge, San Jerónimo y San Trifón y encargaron a Vittore Carpaccio una serie de cuadros sobre estos tres santos patronos para decorar el vestíbulo de la planta baja. Entre ellos destaca *San Jorge y el dragón*, que incluye con gran efecto dramático los restos de las víctimas más recientes del monstruo.

Calle dei Furlani 3259/a • 041 522 8828 • Cerrado ma. • €€ • *Vaporetto*: Arsenale, San Zaccaria

INFORMACIÓN **TURÍSTICA**

Inaugurada en 1895, la Bienal de Venecia (*041 521 8711, labiennale.org*) se divide en Bienal de Arte y Bienal de Arquitectura, que se celebran en años alternos. En 1932 nació la Mostra d'Arte Cinematografica, el primer festival de cine organizado en el mundo, que junto con los de Música (desde 1930), Teatro (desde 1934), Arquitectura (desde 1980) y Danza (desde 1999) siguen representando una ecléctica, refinada y estimulante exposición de ideas contemporáneas y un gran éxito comercial.

Museo de Historia Naval

7 Gestado por la Marina italiana, el Museo Marítimo se encuentra fuera de las murallas del **Arsenal**, y fue un antiguo «granero» de la Serenísima con vistas a la dársena de San Marco. La colección abarca los mil años de gloria marítima de Venecia, desde la Edad Media hasta la Segunda Guerra Mundial. Las cuarenta y dos salas en cinco plantas reúnen uniformes de la Armada, maquetas de barcos, instrumentos náuticos y herramientas de astillero, así como una reproducción de una galera de guerra y el Bucintoro utilizado por los dux. También se exponen la góndola privada de la coleccionista de arte Peggy Guggenheim. Es posible descender para embarcar en el Dandolo, el «submarino asesino» de la Guerra Fría, construido en la Italia de posguerra. En el Pabellón de los Barcos (cerrado por reformas en el momento de escribir esta guía) se exponen algunos ejemplos reales de embarcaciones típicas venecianas.

Riva San Biasio 2148 • 041 575 4259 • Cerrado ma. • €€€ • *Vaporetto*: Arsenale • marina.difesa.it

Arsenal

8 En el extremo oriental de la ciudad, este complejo con vistas a la laguna fue en su día el mayor astillero del mundo y albergó una flota sobre la que se basó el dominio de Venecia sobre el Mediterráneo oriental. Se ha transformado en un centro polivalente que abarca las artes, la ciencia y la marina militar. Fundado en el siglo XII, el Arsenal produjo y suministró 3000 barcos de guerra a los ricos mercaderes y capitanes mercenarios de la República de Venecia, y en el siglo XVI empleaba a 16 000 trabajadores, que podían construir una galera en tan solo 24 h. A mediados del siglo XX, el Arsenal estaba muy

La puerta principal del Arsenal, Porta di Terra, se construyó hacia 1460.

deteriorado. Su salvación fue una petición de la **Bienal de Venecia** (ver pág. 82) para utilizar parte de los antiguos astilleros como espacio de exposición temporal. Desde entonces, muchos de los antiguos talleres, almacenes y diques secos se han reconvertido en salas que acogen exposiciones durante la Bienal o en galerías de arte y laboratorios de investigación permanentes. Si tienes la suerte de visitar el complejo durante la Bienal, tendrás acceso a muchos lugares que normalmente están cerrados al público. Entre ellos se encuentran la **Artillería**, antigua forja de armas, la **Cordería**, donde se fabricaban las cuerdas utilizadas en los barcos, y la **Gaggiandre**, un dique seco con arcos basados en un diseño atribuido a Jacopo Sansovino. La torre de vigilancia llamada **Puerta Nueva**, de la época napoleónica, ha sido restaurada, al igual que la estructura que hoy alberga el **Centro de Visitantes del Arsenal**.

Sestiere Castello • Cerrado sá. y do. • *Vaporetto*: Celestia, Bacini/Arsenale Nord

Santos Giovanni y Paolo

Un exterior gótico custodia los tesoros renacentistas y barrocos de esta imponente basílica situada cerca de la orilla norte de Venecia.

El interior de la basílica, considerado el Panteón de Venecia, lugar de descanso de los dux.

Es la iglesia más grande de Venecia (55 m de alto por 102 m de largo), y la segunda en importancia después de la Basílica de San Marco (ver págs. 64-65). La Basílica de los Santos Giovanni y Paolo, San Zanipolo para los venecianos, tiene una fachada gótica. Los sarcófagos de piedra de los dux flanquean la puerta central de Bartolomeo Bon; a los lados dos estatuas bizantinas del siglo XIII representan a la Virgen María y un arcángel. Su imponente rosetón y tres edículos blancos del tejado destacan las efigies de los santos bellamente.

■ NAVE

Una hilera de tumbas se alinea en la imponente nave con sus inmensas columnas de piedra. Hay unas 150 lápidas y treinta y siete monumentos funerarios, veinticinco de los cuales están dedicados a los dux de los siglos XIII al XVIII. Entre los más importantes se encuentran los del dux Nicolò Marcello, representado reclinado sobre un elegante sarcófago, el dux Andrea Vendramin bajo un arco triunfal de estilo romano, y el capitán general Niccolò di Pitigliano. En el lado derecho de la nave se encuentran dos capillas barrocas y el extraordinario políptico de Giovanni Bellini dedicado a San Vincenzo Ferreri. En la pared opuesta, una puerta integrada en la tumba del artista Jacopo Palma el Joven, se abre a la sacristía, que conserva valiosas pinturas de la orden dominica de los siglos XVI y XVII.

■ ALTAR MAYOR

Una obra maestra del arte y la artesanía barrocos, es obra de Baldassare Longhena, un arquitecto veneciano del siglo XVII. La basílica es la única iglesia de Venecia que tiene la ventana gótica con vidrieras policromadas, realizada íntegramente en cristal de Murano por el maestro vidriero Giannantonio Licinio da Lodi en el siglo XVI.

INFORMACIÓN **TURÍSTICA**

Campo Santi Giovanni y Paolo. Durante mucho tiempo ha sido un lugar favorito para los artistas. Aquí también se encuentra el único monumento ecuestre, obra de Andrea Verrocchio, erigido por la República de Venecia y dedicado a Bartolomeo Colleoni. El famoso líder había dejado a la ciudad 100 000 *zecchini* de oro para construirlo después de su muerte. La cuestión causó sensación ya que ni siquiera los dux habían tenido nunca el honor de un monumento, pero no quisieron rechazar la cantidad.

■ CAPILLA DE LA SANTÍSIMA VIRGEN DEL ROSARIO

La joya de la basílica fue construida en 1582 para conmemorar la victoria veneciana sobre la flota turca en la batalla de Lepanto (ver pág. 70). A pesar de la pérdida de obras maestras de Tiziano, Bellini y Tintoretto en un incendio en 1867, la capilla, reconstruida en 1959, está ricamente decorada con tres paneles circulares de Veronese en el techo, estatuas de mármol de Alessandro Vittoria y otras obras.

Campo dei Santi Giovanni y Paolo 6363 • 041 523 5913 • € • *Vaporetto*: Ospedale • santigiovanniepaolo.it

CASTELLO

República Marítima

La fiesta anual más solemne de la Serenísima República de Venecia (607-1797) eran las Bodas del Mar, celebradas el día de la Ascensión, cuando el dux arrojaba al mar un anillo consagrado. La ceremonia simbolizaba el vínculo indestructible entre la ciudad y el mar. Entonces, la prosperidad y la supervivencia de Venecia dependían del comercio marítimo y las flotas.

Galera veneciana con las velas al viento. Página opuesta: pintura al óleo del siglo XVI que representa a constructores navales venecianos trabajando.

Supremacía en el mar

Los astilleros estatales del **Arsenal** (ver págs. 82-83) constituían el mayor complejo preindustrial de Europa. Los barcos que allí se fabricaban eran principalmente galeras de remos, la embarcación característica del Mediterráneo desde la antigua Grecia. En su apogeo, en el siglo XV, Venecia poseía 3000 barcos y casi 40 000 de sus habitantes eran marineros. Parte de la fortuna de Venecia procedía del transporte marítimo de los ejércitos de caballeros que navegaban a Palestina y Siria para las Cruzadas entre los siglos XI y XIII. La ciudad cobraba una tarifa considerable por el transporte de los hombres. Desde 1330 aproximadamente, flotas de grandes galeras mercantes navegaban anualmente desde Venecia hacia el este, hasta Crimea, en el Mar Negro, donde cargaban mercancías que llegaban por tierra desde China, y hacia el oeste, a través del Atlántico, hasta puertos de Flandes e Inglaterra. El poder naval veneciano era esencial para promover el comercio. Además de proteger a las flotas mercantes, las galeras libraban violentas batallas con rivales comerciales como los genoveses y los pisanos. El dominio del mar permitió a Venecia establecer y mantener una serie de posesiones coloniales en torno al Mediterráneo oriental, el Adriático y el Egeo.

Una flota obsoleta

Hacia el siglo XVI, los barcos de la costa atlántica europea empezaron a abrir rutas comerciales oceánicas, relegando al Mediterráneo a un papel relativamente secundario. Estos barcos podían llevar muchos más cañones que una galera de guerra y dejaron obsoleta la técnica de combate de los venecianos. La última gran batalla en la que se emplearon galeras venecianas fue la de Lepanto, en 1571, tras la cual el imperio marítimo de Venecia sufrió un declive imparable.

LA **GÓNDOLA**

En el siglo XVI, 10 000 góndolas surcaban los canales de Venecia transportando mercancías y personas. Hubo un tiempo en que eran de todos los colores, hasta que una ordenanza municipal de 1562 impuso el color negro. Las góndolas se construían en pequeños astilleros llamados *squeri*, uno de los cuales aún puede verse en funcionamiento en San Trovaso (ver pág. 89), no lejos de Zattere, en el *sestiere* de Dorsoduro. Hoy funcionan unas 500 góndolas, todas reservadas al transporte turístico.

Rincones escondidos

El ambiente abarrotado de la Plaza San Marco y el Puente de Rialto contrasta con zonas menos conocidas de Venecia. Para quienes prefieran destinos poco convencionales y estén dispuestos a caminar un poco más, estos encantadores rincones ofrecen un agradable descanso.

■ Al este de Castello

Frente a la costa oriental del distrito de Castello hay un grupo de pequeñas islas, cada una con sus propios tesoros. **San Pietro di Castello** es donde comenzó la urbanización de Venecia en el siglo VI. El castillo que da nombre a la isla desapareció hace tiempo y ahora el monumento más importante es la **Basílica de San Pietro di Castello** (*Campo San Pietro, 041 275 0462, €*). Esta imponente iglesia renacentista fue la catedral católica oficial de la ciudad desde 1451 hasta 1807. Además del campanario de piedra blanca de Istria, San Pietro cuenta con la obra maestra de Pietro Liberi *El castigo de las serpientes* y un trono de piedra tallado en una estela árabe. En la cercana isla de **Sant'Elena** se halla la mayor zona verde de Venecia, el Parque delle Rimembranze, con un monumento a los caídos en la Segunda Guerra Mundial.

■ San Trovaso

Situado en torno a una iglesia y un canal del mismo nombre, el barrio de San Trovaso abarca el *sestiere* de Dorsoduro, entre el Gran Canal y el canal de la Giudecca. Erigida entre los siglos XVI y XVII, la **Iglesia de San Trovaso** (*Dorsoduro 1098, €*) destaca por sus dos fachadas, una orientada al canal y la otra a la plaza. Obra de un alumno de Andrea Palladio, es de estilo *palladiano*, aunque las curvas de las fachadas recuerdan al *art déco*. Cuenta la leyenda que la iglesia se construyó así para complacer a dos ricas familias rivales que apoyaban a San Trovaso. La grotesca cara de piedra de la base del campanario se erigió para ahuyentar a los demonios. Modestamente decorada en comparación con otras iglesias de la ciudad, el interior contiene pinturas de Tintoretto y otros artistas renacentistas. Justo enfrente de la

El antiguo Astillero de San Trovaso.

iglesia, el **Astillero de San Trovaso** es un pequeño lugar aún activo donde se reparan góndolas. Para verlo mejor, dirígete hacia Fondamenta Nani, en el lado opuesto del canal. A continuación, vuelve al otro lado y dirígete al norte para hacer una breve parada en la pintoresca Librería **La Toletta** (*Dorsoduro 1213, 041 523 2034*). Fundada en 1933, esta librería de techos bajos es popular entre los venecianos y los estudiantes universitarios. Piérdete entre las estanterías y déjate aconsejar por los libreros.

■ San Sebastiano

Otro rincón fascinante de Dorsoduro es la zona que rodea la **Iglesia de San Sebastiano** (*Campo San Sebastiano, 041 275 0462, €*). Esta iglesia del siglo XVI, que forma parte de los lugares de culto construidos en Venecia para dar gracias a Dios al final de una epidemia de peste bubónica, es conocida por su extraordinaria obra de Veronese, que incluye techos, frescos y pinturas. El propio Veronese está enterrado allí bajo un notable busto. Obras de Tiziano, Tintoretto y otros maestros del Renacimiento completan la colección de arte de San Sebastiano. El puente que cruza el Rio dei Tolentini conduce a un estrecho callejón llamado calle Avogaria. Desde aquí, gira a la izquierda para llegar al **Teatro a l'Avogaria** (*Dorsoduro 1617, 041 528 5711, €€*). Muy popular entre los venecianos y también por extranjeros, este teatro experimental fue fundado en 1969 por el director Giovanni Poli y sigue ofreciendo una amplia selección de obras poco conocidas. En el pasado, el teatro también ha presentado algunas obras en prosa en inglés. La entrada está reservada a los socios.

■ Giudecca

Tranquila y poco frecuentada por los turistas, la Giudecca comprende el sinuoso archipiélago situado frente a la dársena de San Marco y el paseo marítimo de Zattere. Son famosos el espléndido complejo de **Villa Hériot** (*calle Michelangelo 54/P, villas de pago, acceso gratuito al parque, iveser.it*), el elegante **Hotel Cipriani** (*041 240 801*) y el campanario de la **Basílica de San Giorgio Maggiore** (*Isla de San Giorgio Maggiore, 375 632 3595*). Detrás de la basílica se extiende el evocador **Laberinto Borges** (*Isla de San Giorgio Maggiore, 366 420 2181, €€€€*), un sendero de 1 km formado por más de 3200 plantas de boj entre las que pasear en un espacio casi espiritual. Oculto en el ala oeste del antiguo Convitto dell'Isola se encuentra **Le Stanze del Vetro** (*Isla de San Giorgio Maggiore, 041 522 9138, €*), un espacio de exposiciones interiores y exteriores que muestra a artistas modernos que trabajan el vidrio. Los *vaporetti* hacen otras paradas a lo largo de la costa de la Giudecca. La **Iglesia del Santissimo Redentore** (*Campo del SS. Redentore, 041 275 0462, cerrado do., €*), del siglo XVI, se alza sobre el canal de la Giudecca y es una de las obras más notables de Andrea Palladio. Claramente inspirada en la antigüedad romana, la fachada clásica está coronada por una gran cúpula y flanqueada por dos campanarios, algo inusual en Venecia. En julio, la iglesia es el centro del **Festival Redentore** (ver pág. 129), durante el cual un puente provisional de pontones conecta la iglesia con Zattere. La antigua casa y taller de alta costura del maestro **Mariano Fortuny** (*Fondamenta San Biagio 805, 393 825 7651*) es ahora una sala de exposiciones en la que se exhiben telas finas, muebles y accesorios. El taller está cerrado al público y los clientes pueden visitar los jardines.

■ Isla de San Michele

Casi perfectamente cuadrada, esta isla entre Cannaregio y Murano alberga el mayor cementerio de Venecia y la primera iglesia renacentista de la ciudad. De la antigua iglesia, reconstruida a finales del siglo xv como **Iglesia de San Michele in Isola** (*Isla de San Michele, 041 527 4106*), solo queda el campanario gótico. El diseño del arquitecto Mauro Codussi mezcla piedra blanca de Istria y ladrillo rojo veneciano en un conjunto armonioso con vistas a la costa. La iglesia está dedicada a San Miguel Arcángel, que está a las puertas del Paraíso y pesa las almas el día del Juicio Final. Sin embargo, la isla no se convirtió en cementerio hasta 1807. Al extenso **cementerio** multiconfesional (*041 729 2841*) se accede por el claustro situado detrás de la iglesia. Entre las personalidades ilustres allí enterradas figuran los compositores Igor Stravinsky y Luigi Nono, los poetas Ezra Pound y Joseph Brodsky, el matemático Christian Doppler, el director artístico Sergej Djagilev y don Salvador de Iturbide, príncipe de México.

El cementerio de la isla de San Michele con la capilla de San Cristoforo al fondo.

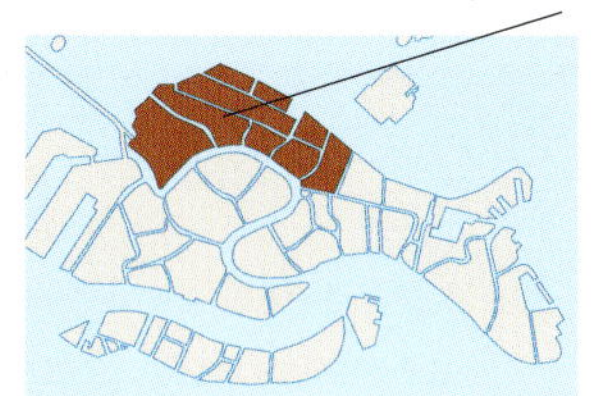

Cannaregio

Cannaregio es el *sestiere* más septentrional de Venecia y el segundo más grande; es un barrio muy concurrido cuya arteria principal es Strada Nova. Esta avenida inusualmente ancha para Venecia se remonta a la ocupación francesa de los siglos XVIII y XIX. El nombre «Cannaregio» deriva de los juncos que crecían en las marismas antes de las obras de recuperación que permitieron la expansión del distrito. La zona es mayoritariamente residencial; tradicionalmente aquí se concentraba la población judía. Cuenta con magníficos edificios históricos, como la Iglesia de los Gesuiti y el palacio gótico de Ca' d'Oro, que domina el canal y hoy alberga una galería de arte. La inmensa laguna se abre al mar en el extremo noreste del *sestiere*, para deleite de los clubes de remo, cuyos miembros salen todos los días en sus barcas de remos largos, remando de pie como es tradición en la zona. Por la noche, el barrio se anima con algunos de los mejores *bacari* (tabernas) que Venecia puede ofrecer.

◂ **Muchos de los estrechos canales de Cannaregio están bordeados de casas pintadas de vivos colores.**

Cannaregio

Un puente de última generación, casas medievales y una hermosa iglesia de mármol son algunos de los atractivos de este popular barrio.

1 Puente de la Constitución (ver pág. 96). Desde Piazzale Roma, dirígete al norte por este encantador y moderno puente de cristal y acero que cruza el Gran Canal.

2 Gueto (ver págs. 102-103). Dirígete al norte para llegar a las dos plazas que forman el corazón del gueto medieval. Admira las casas inusualmente altas y cruza el puente de hierro al norte de Campo del Ghetto Nuovo.

3 Fondamenta della Misericordia (ver págs. 96-97). Camina hacia el este por este pasaje junto al canal bordeado de tabernas y *trattorias*, y luego gira hacia el norte hasta Campo dei Mori.

CANNAREGIO DISTANCIA: 4,5 KM
DURACIÓN: 8 H SALIDA: PIAZZALE ROMA

4 Madonna dell'Orto (ver pág. 98). Admira las obras de Tintoretto en esta elegante iglesia y luego zigzaguea hacia el sur por Strada Nova.

7 Santa Maria dei Miracoli (ver pág. 100). **Detente a admirar esta iglesia de mármol pálido antes de continuar hacia el norte hasta Fondamenta Nuove.**

8 Gianni Basso (ver pág. 100-101). **Entra en esta imprenta antigua, después vuelve a Fondamenta Nuove y dirígete al norte, hacia la laguna.**

9 Los Gesuiti (ver pág. 101). **Relájate en un café al aire libre en esta animada placita dominada por un antiguo monasterio jesuita y una iglesia monumental.**

5 Ca' d'Oro (ver pág. 98). Quedarás encantado con este palacio gótico a orillas del Gran Canal. Continúa hacia el sureste pasando Campo dei Santi Apostoli.

6 Corte Seconda del Milion (ver pág. 99). Tómate un respiro en esta plaza escondida, justo detrás del Rio San Giovanni Crisostomo, y luego dirígete al norte hasta Campo Santa Maria Nova.

CANNAREGIO

CANNAREGIO

DÓNDE **COMER**

■ OSTERIA PARADISO PERDUTO
El simpático chef Maurizio ofrece un delicioso menú de pescado y verduras, que varía según la disponibilidad del mercado. Música en directo. **Fondamenta della Misericordia 2540, 041 720 581, cerrado ma. y mi., €€€**

■ OSTERIA L'ORTO DEI MORI
Disfruta de un almuerzo memorable y de una excelente selección de vinos de toda Italia. En verano, pide mesa en la placita. **Campo dei Mori 3386, 041 524 3677, cerrado ma. y mi., €**

■ VINO VERO
Si los taburetes frente a las ventanas de esta agradable osteria están todos ocupados, siéntate en las mesitas junto al canal con un vaso de vino y un *cicchetto*. **Fondamenta della Misericordia 2497, 041 275 0044, cerrado lu. por la mañana, €**

Puente de la Constitución

1 Este puente de mármol blanco, cristal y acero atraviesa el extremo norte del Gran Canal, conectando Piazzale Roma y la estación de autobuses con la estación de Santa Lucia y el *sestiere* de Cannaregio. Diseñado por el arquitecto español Santiago Calatrava y conocido también entre los lugareños como el Puente de Calatrava, es el cuarto puente sobre el Gran Canal y el único construido más recientemente desde los tiempos del fascismo. La imponente estructura en forma de arpa, erigida en 2008, mide 88 m de largo y ofrece una vista espectacular de la ciudad. Ensamblada en tierra, fue transportada con la marea baja para que las barcazas pudieran pasar bajo los puentes de la Academia y Rialto.

Piazzale Roma • *Vaporetto*: Piazzale Roma

Gueto

2 (ver págs. 102-103)

Campo del Ghetto Nuovo y Campo del Ghetto Vecchio • *Vaporetto*: Ponte delle Guglie

Fondamenta della Misericordia

3 Como indica el propio nombre *fondamenta* (cimientos), se trata de un tramo de carretera a lo largo del Canal de Misericordia. Es el lugar ideal para hacer una parada y tomar un almuerzo ligero. La taberna **Da Rioba** (*Fondamenta della Misericordia 2553, 041 524 4379, cerrado lu., €€€*), con mesas al aire libre, es una buena opción. Recibe su nombre de la monumental **Escuela Nueva de Santa Maria della Misericordia** (*Campo della Misericordia*), una hermandad caritativa del extremo oriental de la ciudad. Diseñada por Sansovino en 1534,

se ha utilizado como cuartel, gimnasio y estadio; actualmente acoge exposiciones temporales, entre las más recientes, un conjunto de pinturas y una presentación interactiva del artista colombiano Óscar Murillo. No te pierdas el curioso tabernáculo muy cerca del edificio, que representa los transbordadores que una vez navegaron desde aquí hacia las islas del norte. También verás un puente de madera que conduce a un inusual patio empedrado con ladrillos y con arcos de la elegante **Abadía de la Misericordia**, ahora sede de laboratorios de restauración artística. Los aficionados al cine deben cruzar el estrecho puente que hay frente a ellos: es lo que aparece en la película de 1973 *Amenaza en la sombra,* protagonizada por Donald Sutherland. Cerca hay un puente especialmente antiguo: caracterizado por la ausencia de valla.

Rio de la Misericordia • *Vaporetto*: Madonna dell'Orto

Venecianos almorzando en la Fondamenta della Misericordia.

Madonna dell'Orto

4 En el interior de esta espaciosa iglesia, descansan los «restos sagrados» de Tintoretto, cuya tumba puede visitarse. También se conservan aquí valiosas pinturas del gran artista renacentista veneciano, entre ellas la *Presentación de María al Templo* y el *Juicio final*, de la que se dice que fue su respuesta a la obra de Miguel Ángel en la Capilla Sixtina. En la fachada de la iglesia se alza una estatua de San Cristóbal, patrón de los viajeros, y de la Virgen María y el Arcángel Gabriel. Cruza el puente frente a **Campo dei Mori** para ver las curiosas estatuas incrustadas en columnas. El fascinante recorrido por la iglesia termina con el espléndido campanario de 56 m que se alza sobre la laguna norte. En la esquina izquierda de la plaza se puede ver la casa de Tintoretto señalada con una placa.

Campo Madonna dell'Orto • 041 719 933 • € • *Vaporetto*: Orto

Ca' d'Oro

5 El espléndido palacio gótico en el Gran Canal, con elaboradas decoraciones con arcos y esbeltas columnas de mármol en la fachada, estaba recubierto de pan de oro, de ahí el nombre de Ca' d'Oro. El recorrido discurre por el patio monumental, la galería sobre el Gran Canal y las salas del segundo piso. Hoy en día, el palacio alberga la **Galería Giorgio Franchetti**, llamada así en honor al barón que financió su restauración antes de donarlo al Estado en 1915. En la colección hay esculturas de Tullio Lombardo, el *San Sebastiano* de Mantegna en el centro de la capilla y la *Venus del espejo* de Tiziano en el segundo piso. No te pierdas el suelo de la planta baja, realizado con mosaicos geométricos multicolores, elaborados por Franchetti.

Calle Ca' d'Oro 3932 • 041 522 2349 • €€ • *Vaporetto*: Ca' d'Oro • cadoro.org

INFORMACIÓN **TURÍSTICA**

Como museo estatal, al igual que las Galerías de la Academia (ver págs. 140-143) y el **Palacio Grimani** (ver pág. 37) y muchos otros, Ca' d'Oro es gratuita todos los primeros domingos de mes *(lista completa en museivenezia.it)*.

Algunos estudiantes se detienen ante los diseños geométricos del suelo de Ca' d'Oro.

Corte Seconda del Milion

6 Un paso subterráneo cubierto llamado *sotoportego* conduce a esta plaza escondida, con un antiguo pozo en el centro, encerrada entre las casas de estilo gótico de los callejones de Cannaregio. Famoso por su conexión con el célebre explorador y navegante veneciano del siglo XIII, Marco Polo, recibe su nombre del libro en el que recogió sus memorias. Se cree que el adyacente **Teatro Malibran** (*Campiallo del Teatro 5873, 041 965 1975, €€€€€, teatrolafenice.it*) se construyó en el sitio de la casa familiar. El teatro, que tiene 345 años de antigüedad, fue bautizado en honor de la gran soprano belga del siglo XIX María Malibran. El encantador escenario es utilizado por el prestigioso Teatro La Fenice para obras que requieren un ambiente más íntimo.

Salizada San Giovanni Crisostomo • *Vaporetto*: Rialto, Ca' d'Oro

Santa Maria dei Miracoli

7 Busca esta pequeña joya arquitectónica renacentista, cuya fachada ofrece muchos elementos para admirar, con sus losas de mármol y la luneta con detalles escultóricos. La iglesia fue construida en 1481 por el arquitecto toscano Pietro Lombardo e hijos por encargo del comerciante Angelo Amadi para albergar su icono de la Virgen y el Niño entre dos santos, considerado milagroso. Una tradición afirma que la fachada está decorada con restos de mármol de la **Basílica de San Marco** (ver págs. 64-65). En el interior, el techo artesonado contiene una serie de retratos, mientras que los empinados escalones del altar están protegidos por paneles con delicadas tallas.

Campo dei Miracoli • *Vaporetto*: Fondamente Nove

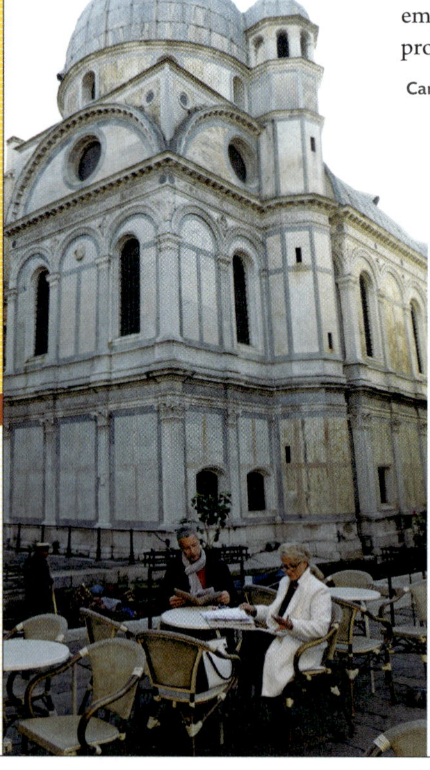

Gianni Basso

8 En un estrecho callejón que conduce hacia la laguna y Fondamenta Nuove, se encuentra esta pequeña tienda-museo, una imprenta de la vieja escuela dirigida por el afable artesano Gianni Basso, quien aprendió el oficio de los monjes armenios en la isla de San Lazzaro, antaño un centro de excelencia en materia de impresión. Famoso entre personalidades extranjeras, este talentoso artesano diseña e imprime a mano tarjetas de visita, marcapáginas, artículos de papelería y *ex libris* de estilo antiguo.

La elegante fachada de Santa Maria dei Miracoli, conocida como Iglesia de Mármol.

Aceptan pedidos personalizados y tienen una gran colección de magníficas impresiones del siglo XIX para elegir.

Calle del Fumo 5306 • 041 523 4681 • cerrado sá. por la tarde y do. • *Vaporetto*: Fondamente Nove

Los Gesuiti

9 En pleno **Campo dei Gesuiti**, se encuentra la iglesia de **Santa Maria Assunta** o **de los Gesuiti**, construida por los jesuitas a principios del siglo XVIII, tras 50 años de prohibición por desacuerdos con el papado. Uno puede sentirse intimidado por las gigantescas estatuas de la fachada. En el interior, la decoración barroca de las increíbles incrustaciones de piedra verde y blanca grisácea cubre casi todas las superficies. No hay que perderse el impresionante *Martirio de San Lorenzo* de Tiziano, en la capilla situada junto a la entrada de la iglesia, la *Asunción de la Virgen*, una obra de Tintoretto en el transepto izquierdo, los magníficos frescos del techo de la sacristía y las columnas retorcidas que rodean el altar mayor. Al lado de la iglesia se encuentra el apacible claustro de lo que fue un vasto monasterio, que ahora alberga alojamientos universitarios. Por la tarde, se convierte en un espacio lleno de vida.

Detalle del techo pintado al fresco de los jesuítas, con la *Asunción de la Virgen*.

Chiesa di Santa Maria Assunta, Campo dei Gesuiti • 041 528 6579 • € • *Vaporetto*: Fondamente Nove

El gueto

El gueto de Venecia ocupa dos plazas de Cannaregio. Su nombre se debe a las fundiciones públicas que había allí, llamadas «geto».

Interior de la sinagoga levantina del siglo XVI en Campo del Ghetto Vecchio.

Aunque se tiene constancia de la presencia de judíos en el Véneto desde el siglo V, no fue hasta después de 1492, a raíz de la persecución en España y Portugal, cuando grandes grupos encontraron refugio en Venecia. En marzo de 1516, la Serenísima República decretó que los judíos de la ciudad debían trasladarse a una zona restringida en el *sestiere* de Cannaregio, lejos del centro comercial y político de la ciudad. De esto hace 500 años. Hoy, los judíos de Venecia están distribuidos por toda la ciudad, aunque regresan al gueto para el culto.

■ La vida en el gueto

El gueto estaba rodeado de murallas y puertas que se cerraban por la noche. Entrando en el **Campo del Ghetto Nuovo** desde Fondamenta di Cannaregio, se pueden ver los agujeros en los postes de piedra que sostenían las puertas de madera. Las casas de la plaza son inusualmente altas. Debido al espacio limitado, los edificios tuvieron que construirse altos, por lo que muchos pisos tienen techos bajos. Los judíos que vivían aquí solo podían dedicarse a ciertas actividades, como ejercer la medicina, vender ropa de segunda mano y dirigir bancos.
El **Banco Rojo**, junto con el Verde y el Negro, fueron las tres casas de empeño judías originales que pueden visitarse.

■ Las sinagogas

Cada nueva comunidad de refugiados construyó su propia *schola* o sinagoga; se conservan cinco de las originales.
El **Museo Judío** *(041 715 359, cerrado sá., 1 de enero, 25 de diciembre y fiestas judías, €, ghettovenezia.com)* organiza visitas guiadas (cada hora aprox. a partir de las 10:30 h). La sinagoga más antigua es la Escuela Grande Tedesca, de 1527; la más grande, la Escuela Ponentina o Española, de 1575. Visita los pequeños templos de los áticos, rematados por curiosas cúpulas.

■ Artesanía judía

En la actualidad, el gueto alberga tiendas de artesanía judía. **David's Shop** (*Campo del Ghetto Nuovo 2895, 041 275 0418, cerrado sá., davidshop.com*) vende objetos de cristal hechos a mano y figuritas con personajes judíos. **The Studio in Venice** (*Campo del Ghetto Vecchio 1152, 041 716 689, cerrado sá., thestudioinvenice.com*) ofrece pinturas de escenas hebreas y pergaminos ilustrados con extractos de la Torá.

■ En recuerdo

Un año decisivo fue 1797, cuando acabó la República de Venecia.
Las fuerzas francesas, bajo el mando de Napoleón, invadieron la ciudad y abrieron el gueto. Siguió un período de paz de más de un siglo antes del advenimiento del nazifascismo. En 1943, 200 judíos venecianos fueron deportados a Auschwitz y solo ocho regresaron. Un monumento en el muro norte del Campo del Ghetto Nuovo enumera sus nombres y edades.

Campo del Ghetto Nuovo y Campo del Ghetto Vecchio • *Vaporetto*: Ponte delle Guglie

Los palacios

En la época dorada de Venecia, todas las familias más importantes de la ciudad tenían que poseer un palacio, normalmente con vistas al Gran Canal, como emblema de riqueza y posición social. Estos palacios se llamaban Ca' (abreviatura de «casa») y solían llevar el nombre de la familia, como es el caso de Ca' Pesaro. Aunque hoy en día se utilizan para otros fines, estos palacios nos ofrecen interesantes pinceladas de la vida en la época dorada de Venecia.

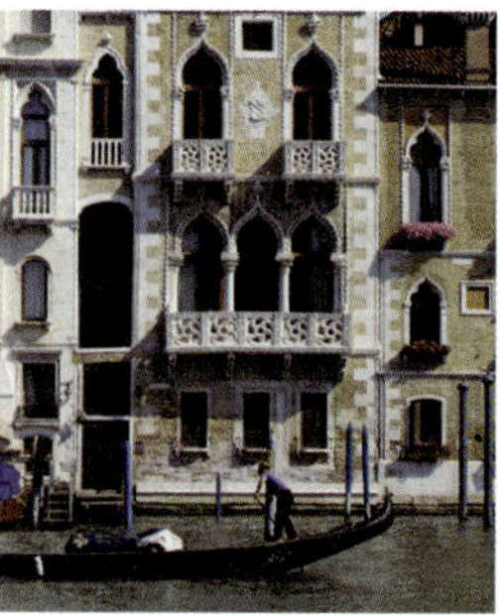

Palacio Contarini Fasan, San Marco.
Página opuesta: *El Gran Canal*, mirando al suroeste, desde el Puente de Rialto hasta el Palacio Foscari de Bernardo Bellotto (1722 - 1780).

Las casas de los mercaderes

Las familias venecianas debían su riqueza al comercio; de hecho, eran principalmente comerciantes. Por ello, el palacio familiar combinaba los negocios con una vida lujosa. Con la entrada orientada al canal, la primera planta solía ser un almacén, junto al que atracaban los barcos para cargar y descargar mercancías. La familia vivía en la planta principal. Las salas de recepción y los dormitorios estaban lujosamente amueblados y decorados, con altas ventanas y balcones que daban al canal. En los pisos superiores, el interior se deterioraba gradualmente hasta llegar a los áticos, vivía la servidumbre.

De las estrellas a los establos

Cuanto más crecía la riqueza y las pretensiones, más extravagantes se volvían los palacios a lo largo del Gran Canal. Cuando el dux Francesco Foscari construyó Ca' Foscari en el siglo XV añadió un segundo piso noble sobre el principal, una innovación que pronto se convirtió en norma.

En la misma época, la familia Contarini construyó **Ca' d'Oro** (ver pág. 98), con una elaborada fachada gótica. En el siglo XVI, el gótico dejó paso al estilo renacentista clásico, como el **Palacio Grimani**, y en el siglo XVII, época de **Ca' Pesaro** (ver págs. 116-117), los palacios tenían grandiosas fachadas barrocas en piedra de Istria. El declive de la riqueza y el poder de las familias venecianas puso fin a la construcción de palacios. A lo largo del siglo XIX, los propietarios, cada vez más empobrecidos, lucharon por mantener estas enormes mansiones y muchos las vendieron o alquilaron a ricos extranjeros amantes del arte. Durante el siglo XX, se encontraron nuevos usos para los palacios, que se utilizaron como edificios universitarios, pisos, hoteles y museos.

ESTILOS DE LAS **FACHADAS**

Gótico (siglos XIII al XV). Las fachadas presentan arcos apuntados y sutiles decoraciones en forma de encaje; un ejemplo es el **Palacio Ducal** (ver págs. 66-67).

Renacimiento (siglos XV y XVI). Palacios de proporciones clásicas, arcos de medio punto y columnas estriadas, como el **Palacio Gritti**, hoy un hotel (ver pág. 32).

Barroco (siglo XVII). Palacios de proporciones clásicas, fachadas elaboradas con una variedad de festones, querubines y hojas talladas en piedra. Un buen ejemplo es **Ca' Rezzonico** (ver pág. 138).

Los *bacari*

Un viaje a Venecia no está completo sin una visita a uno de los característicos y acogedores *bacari*, osterias o tabernas repartidas por toda la ciudad y frecuentadas por venecianos que se reúnen para tomar un aperitivo antes de comer o cenar. Estos locales suelen ser pequeños y acogedores.

CANNAREGIO

■ Osteria al Timon

La joven clientela de esta *steakhouse*, como les gusta llamarse, de Cannaregio se agolpa en los cimientos de la orilla del canal y dos viejos barcos tradicionales de madera amarrados cerca para ofrecer asientos extra. Muy popular, «Timone» sirve pequeños platos de pan tostado con maravillosas combinaciones de quesos, tomates, salami, verduras y carnes a la parrilla.

Fondamenta dei Ormesini 2754 • 041 524 6066 • € • *Vaporetto*: San Marcuola

■ Un Mondo DiVino

Entra en esta antigua carnicería de Cannaregio para disfrutar de un vaso de vino friulano acompañado de *cicchetti* (pequeños bocadillos de pescado) o *sarde a beccafico* al puro estilo siciliano en pan tostado y frito.

Salizada San Canzian 5984/A • 041 521 1093 • € • *Vaporetto*: Ca' d'Oro

■ La Corte 1642

Merece la pena visitar este pequeño restaurante bien decorado para disfrutar de excelentes platos tradicionales venecianos. Las mesas están en un patio, donde podrás relajarte con una bebida y un plato de pasta casera con pescado fresco. La amabilidad de los propietarios te hará sentir como en casa.

Ramo del Magazen 1642 • 041 476 6026 • € • *Vaporetto*: San Marcuola

■ Osteria dal Riccio Peoco

Llamada así por el apellido del dueño, es un animado bar de Cannaregio regentado por una pandilla de locos. Sus especialidades son la música en directo y el delicioso *panino scrocchio*, relleno de pasta de salami. Coloca tu copa de vino y tu *cicchetto* en el barril exterior y observa el mundo pasar.

Campo dei Santi Apostoli 4462 • 041 241 0162 • € • *Vaporetto*: Ca' d'Oro

■ Ca' d'Oro alla Vedova

Conocido por sus albóndigas, para algunos las mejores de Venecia, este restaurante de Cannaregio lleva casi 135 años sirviendo vino. A menos que reserves una mesa en la sala de techo bajo, de la que cuelgan ollas de cobre, te encontrarás apretujado con los lugareños alrededor de la barra de cristal.

Calle Ca' d'Oro 3912 • 041 528 5324 • € • *Vaporetto*: Ca' d'Oro

■ Bacarando en Corte dell'Orso

La mejor manera de encontrarlo es seguir las indicaciones de los aseos públicos desde Campo San Bartolomeo, en el *sestiere* de San Marco. Al doblar la esquina y pasar bajo un arco, hallarás este agradable

QUÉ **PEDIR**

Ombra: un vaso de vino de la casa, sacado de la damajuana.

Vino al calice: una copa elegida de una lista escrita en la pizarra, de vinos vénetos y friulanos en su mayoría.

Spritz: el clásico aperitivo italiano, a base de Prosecco con adición de Campari, Aperol o Select y soda, decorado con una aceituna y una rodaja de naranja o limón.

Cicchetti: tentadores aperitivos dispuestos sobre el mostrador.

Los clientes disfrutan de un aperitivo en Ca' d'Oro alla Vedova, en Cannaregio.

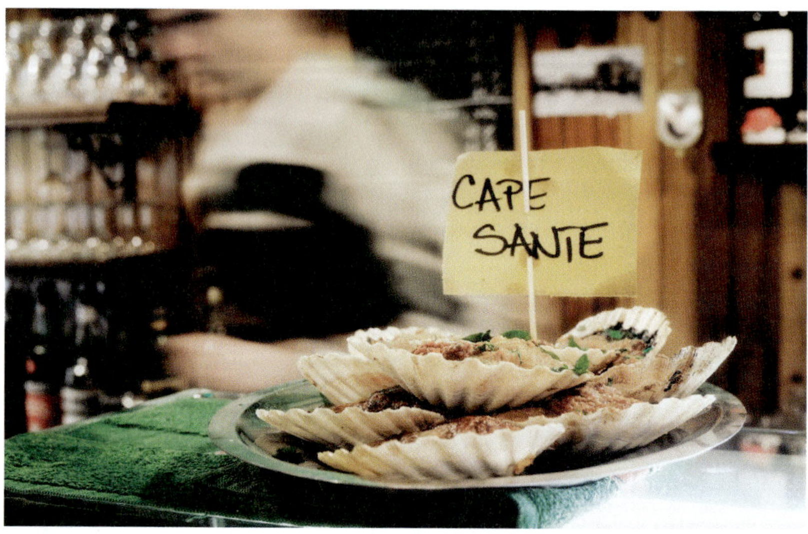

Las vieiras servidas con concha son uno de los platos más comunes ofrecidos como *cicchetti*.

local. La rica selección de *cicchetti* incluye rebanadas de pan francés con crema de queso, los *sfilaceti*, carne seca de caballo y bacalao salado.

Sotoportego de l'Orso • 5495 041 523 8280 • € • *Vaporetto*: Rialto

■ Bacaro da Fiore

Este popular lugar junto a Campo Santo Stefano, cerca de San Marco, es famoso por sus platos de pescado. Acércate al mostrador para elegir entre el surtido de recetas de temporada. Según la temporada, podrás degustar sepia a la plancha o *moeche* fritos con polenta blanca (pequeños cangrejos verdes sin caparazón).
Las especialidades de todo el año son el *baccalà mantecato* y las *sarde in saor* (sardinas marinadas en vinagre y cebolla con pasas y piñones). Si estos aperitivos te han abierto el apetito, ¿por qué no quedarse a cenar?

Calle de le Boteghe • 3461 041 523 5310 • € • *Vaporetto*: San Samuele

■ Antica Osteria Ruga Rialto

No te dejes engañar por el ambiente un poco sobrio de este acogedor lugar en el *sestiere* de San Polo. Antica

Ostaria Ruga Rialto es una de las osterias históricas de Venecia y ha sido registrado como «Establecimiento Histórico Regional». Los venecianos acuden en masa aquí hacia la tarde, cronometrando el tiempo (entre las seis y las siete de la tarde) con la llegada de grandes bandejas de pescado frito mixto desde la cocina. Pulpo, calamares y pescado escalfados se sirven en platos pequeños, acompañados de una jarra de vino.

Calle del Sturion 692 • 041 521 1243 • €-€€ • *Vaporetto*: Rialto

■ Cantina Do Mori

Se cree que es la más antigua de Venecia, ya que data de 1462. Esta bodega de San Polo tiene una sala donde cuelgan viejas ollas de cobre. Se puede beber el vino de la casa, damajuanas y botellas escogidas. Entre los excelentes *cicchetti*, encontrarás cócteles de albóndigas, alcachofas, berenjenas a la parrilla y tomates secos o gratinados. No hay mesas.

Calle dei Do Mori 429 • 041 522 5401 • €€ • *Vaporetto*: Rialto

■ Osteria alla Bifora

El mérito de este restaurante es su ubicación en una animada plaza del *sestiere* de Dorsoduro, frecuentada por universitarios y lugareños. Su nombre procede de su elegante ventana arqueada. Prueba la característica tabla de embutidos, con sabroso jamón de Parma y salami.

Campo Santa Margherita 2930 • 041 523 6119 • €€ • *Vaporetto*: Ca' Rezzonico

■ Cantine del Vino già Schiavi

Conocido como Al Bottegon, este restaurante de Dorsoduro sirve buen vino y aperitivos sencillos como encurtidos y bocadillos con mortadela o salchichas. No hay asientos y la clientela suele desparramarse por el canal y el puente adyacente. En el interior, una pared entera está dedicada a la exposición de vinos, por si quieres pedir una botella para llevar.

Fondamenta Nani 992 • 041 523 0034 • € • *Vaporetto*: Accademia

■ Osteria da Codroma

Este tranquilo bar de Dorsoduro es frecuentado por estudiantes y personal de la cercana universidad. Una vez armado con un vaso de vino y un pequeño plato de sabrosos *cicchetti*, siéntate en la acogedora sala con paneles de madera y disfruta de las fotos de la vida de la ciudad que cubren las paredes.

Fondamenta Briati 2540 • 041 524 6789 • € • *Vaporetto*: San Basilio

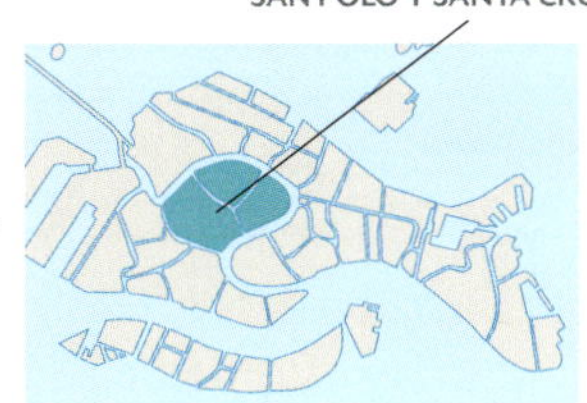

San Polo y Santa Croce

Enclavado en el recodo superior del Gran Canal, el *sestiere* de San Polo, que debe su nombre a la iglesia homónima, es el más antiguo de la ciudad. Originalmente se llamaba Rivoaltus, «ribera alta», porque era la parte de tierra más elevada de la laguna. Los primeros asentamientos datan de principios del siglo IX y en el siglo XV era el centro comercial de Venecia. Entre sus atractivos destacan el Puente de Rialto, con su mercado al este, y la magnífica Escuela Grande de San Rocco, con obras maestras de Tintoretto, al oeste. Santa Croce también debe su nombre a una iglesia, demolida a principios del siglo XIX, que se erigía cerca de Piazzale Roma. El *sestiere* cuenta con Ca' Pesaro, una galería de arte moderno, y el Palazzo Mocenigo, con su rica colección de trajes venecianos. Los dos *sestieri* también cuentan con numerosas iglesias de gran belleza.

◂ **Los venecianos se relajan en los cafés con vistas al Gran Canal del *sestiere* de San Polo, muy cerca del Mercado de Rialto.**

San Polo y Santa Croce

Descubre los sonidos y colores del mercado y admira obras maestras del arte, desde Tintoretto y Tiziano hasta Klimt y Kandinsky.

3 Ca' Pesaro (ver págs. 116-117). **Descubre las obras de los maestros en este museo de arte contemporáneo ubicado en un palacio del siglo XVII. Luego, camina un poco hacia el noroeste a lo largo de Fondamenta de Ca' Pesaro y hacia el sur siguiendo Fondamenta Mocenigo.**

4 Palacio Mocenigo (ver pág. 117). **Sueña con los ricos trajes de la élite veneciana de antaño. Continúa hacia el oeste por la calle del Tintor y luego por el sur hasta la calle Larga Rosa.**

5 Iglesia de San Giacomo dall'Orio (ver págs. 117-118). **Disfruta del tranquilo interior de esta antigua iglesia, que supuestamente debe su nombre a un laurel que antaño se alzaba en la plaza. A continuación, gira hacia el sur para llegar a Campo San Rocco.**

6 Santa Maria Gloriosa dei Frari (ver págs. 120-121). **Admira esta preciosa colección de pinturas y esculturas que incluye obras de Bellini, Tiziano, Canova y Donatello. Justo detrás de la iglesia se encuentra la Escuela Grande de San Rocco.**

SAN POLO Y SANTA CROCE DISTANCIA: 2,2 KM
DURACIÓN: 6 H SALIDA: PUENTE DE RIALTO

❷ Mercado de Rialto (ver págs. 114-115). **Explora el mercado y desayuna en uno de los cafés de la zona, luego dirígete al noroeste por las calles que bordean el Gran Canal.**

❶ Puente de Rialto (ver pág. 114). **Contempla el Gran Canal desde lo alto del puente, luego cruza el Campo San Giacomo di Rialto.**

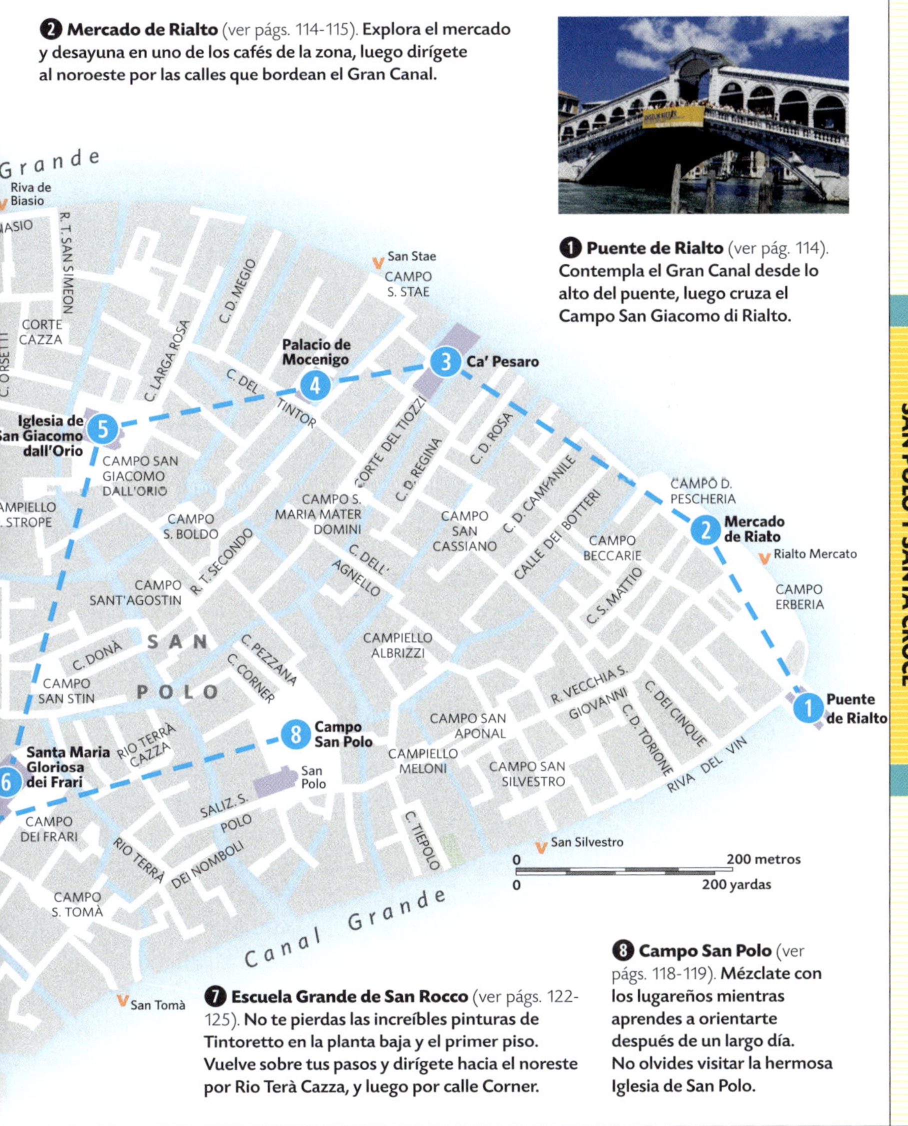

❼ Escuela Grande de San Rocco (ver págs. 122-125). **No te pierdas las increíbles pinturas de Tintoretto en la planta baja y el primer piso. Vuelve sobre tus pasos y dirígete hacia el noreste por Rio Terà Cazza, y luego por calle Corner.**

❽ Campo San Polo (ver págs. 118-119). **Mézclate con los lugareños mientras aprendes a orientarte después de un largo día. No olvides visitar la hermosa Iglesia de San Polo.**

Puente de Rialto

1 El Puente de Rialto es el más antiguo de Venecia. Símbolo de la ciudad, cruza el Gran Canal uniendo los *sestieri* de San Marco y San Polo. Originalmente de madera, fue reconstruido en 1591, con un arco central de piedra de 28 m que soporta dos hileras de tiendas y tres pasos de peatones paralelos, dos externos y uno interno. En total hay más de veinte tiendas típicas venecianas, que incluyen artículos de cristal, joyas, cuero y seda. Desde el centro del puente se puede disfrutar de una hermosa vista del Gran Canal en ambas direcciones. Justo al oeste del puente, junto al canal, se ecuentra la **Riva del Vin**, que toma su nombre de las numerosas bodegas y de los mercaderes que tiempo atrás realizaban allí sus negocios. En paralelo, la **calle dei Botteri** era el lugar donde trabajaban los toneleros.

Riva del Vin • ***Vaporetto*: Rialto Mercato**

DÓNDE **COMER**

■ ALL'ARCO
Una pequeña taberna que sirve excelentes *cicchetti* y vino a precios razonables. Abierta hasta las 14:30 h, es el lugar ideal para hacer una parada después de pasear por el mercado. **Calle dell'Occhialer 436, 041 520 5666, €**

■ AL PROSECCO
Disfruta de un almuerzo ligero en un ambiente agradable. Se sirven ensaladas y pequeños platos, con mesas al aire libre en verano. **Campo San Giacomo dall'Orio 1503, 041 524 0222, €**

■ VINERIA ALL'AMARONE
Un restaurante familiar lleno de personalidad. Ofrece una rica selección de platos fríos, *cicchetti*, y una excelente carta de vinos. **Calle dei Sbianchesini 1131, 041 523 1184, €€**

Mercado de Rialto

2 El Mercado de Rialto (*por la mañana*) es el centro de la vida veneciana desde el 10 de septiembre de 1977 y ocupa el oeste del **Puente de Rialto**. **Campo Cesare Battisti**, un derroche de colores, acoge el mercado de frutas y verduras, rico en productos de temporada. En primavera verás espárragos, judías verdes y alcachofas de Sant'Erasmo; en verano embriaga el aroma de fresas e higos maduros, y en otoño es rico en diferentes variedades de setas, calabazas y nueces. Orgullosamente etiquetado, al menos el 80 % de la producción proviene de agricultores locales. En paralelo, hay un conjunto de charcuterías, incluida una carnicería equina. Más allá de frutas y verduras, el mercado del pescado domina el **Campo della Pescheria**. Lo visitan tanto locales

Un pescadero de Rialto exhibe con orgullo la pesca del día.

como restauradores para conseguir el pescado más fresco de Venecia. La galería del mercado de pescado, aunque parezca antigua, data de 1905 y es una joya arquitectónica. Observa las cabezas de peces y los caballitos de mar tallados en los capiteles de las columnas, todos diferentes; también verás una placa de mármol que recoge las medidas legales para la venta de pescado. Aunque son antiguas, estas reglas todavía se aplican. Otro elemento que llama la atención es la estatua de bronce del Pescador, dedicada a San Pedro, el pescador por excelencia en la cultura cristiana. **Ruga dei Spezieri**, que corre a lo largo del extremo sur de la plaza, era tradicionalmente una calle de comerciantes de especias. Busca la atmosférica **Drogheria Mascari** (ver pág. 40), con sus espléndidas exhibiciones de hierbas secas, especias y otros alimentos.

Campo Cesare Battisti, Campo della Pescheria y Campo delle Beccarie • Cerrado do.; mercado de pescado cerrado de sá. a lu. • *Vaporetto*: Rialto Mercato

La espléndida fachada barroca de Ca' Pesaro vista desde el Rio di Noale.

Ca' Pesaro

3 Este magnífico palacio, construido por la familia Pesaro en el siglo XVII, alberga la **Galería Internacional de Arte Moderno**. Paraíso para los amantes del arte, alberga una vasta colección que se centra en artistas italianos y extranjeros desde finales del siglo XIX hasta nuestros días e incluye pinturas de Paul Klee y Gustav Klimt (el espléndido retrato *Judith II*), dibujos de Henri Matisse y Wassily Kandinsky, y esculturas de Auguste Rodin, incluida *El Pensador*, así como Medardo Rosso y Adolfo Wildt, el cuadro *La noche de Pericles* de Giorgio De Chirico y tres famosos lienzos de Antonio Donghi, entre los cuales destaca la obra maestra *Le Villeggianti*. El recorrido del museo fue completamente renovado y ampliado en 2013, pero la colección permanente se modifica y enriquece continuamente, también en relación con las exposiciones temporales albergadas en el segundo piso.

Desde 2019, la colección incluye un núcleo de treinta y dos obras de algunos de los autores italianos más importantes del siglo XX: Massimo Campigli, Carlo Carrà, Giacomo Manzù, Ottone Rosai, Scipione y Mario Sironi. El segundo piso, como ya se ha mencionado, se utiliza para exposiciones temporales. En el tercer piso, en cambio, está el **Museo de Arte Oriental** (*041 524 1173, orientalevenezia.beniculturali.it*) con una importante colección de arte japonés del período Edo, junto al arte indonesio y chino: aquí encontrarás xilografías, trajes tradicionales, jades e instrumentos musicales.

Santa Croce 2076 • 041 721 127 • Cerrado lu., 1 de enero y 25 de diciembre • €€€€ • *Vaporetto*: San Stae • capesaro.visitmuve.it

Palacio Mocenigo

4 El Palacio Mocenigo fue la residencia de una de las familias venecianas más importantes, incluídos siete dux durante 400 años. Su importancia se refleja también en el hecho de que hasta doce palacios venecianos llevan el nombre de Mocenigo.
Este particular palacio de San Stae, edificio gótico ampliado y rehabilitado, alberga el **Centro de Estudios de Historia Textil, del Traje y del Perfume**, que tiene una biblioteca y una sala de estudios. La moda y el vestuario venecianos caracterizan la exposición del museo.
Entre los textiles expuestos destaca una exquisita colección de vestidos del siglo XVIII, telas raras y preciosas de los siglos XIII y XIV, tejidas con hilos de oro y plata, y ropa masculina de la época.
Es imposible visitar el palacio sin haber conocido el lujoso estilo de vida de la nobleza veneciana.

Santa Croce 1992 • 041 721 798 • Cerrado lu., 1 de enero y 25 de diciembre • €€€ • *Vaporetto*: San Stae • mocenigo.visitmuve.it

INFORMACIÓN **TURÍSTICA**

En el Palacio Mocenigo, el recorrido serpentea veinte salas del primer piso. Seis de ellas están dedicadas al perfume y albergan el taller de un perfumista del siglo XVI, que muestra las materias primas y los procesos de fabricación, y una colección de botellas y frascos raros de varios milenios. En la planta baja, los visitantes pueden probar a crear su propia fragancia personal en el Laboratorio de Perfumes.

UNA **CURIOSIDAD**

Durante el siglo xv, la entrada a la Iglesia de San Polo estaba cerrada y bloqueada por edificios que aún se conservan; ahora la entrada principal se encuentra a lo largo de un lateral de la iglesia. Al llegar al Campo San Polo desde San Tomà, busca un estrecho callejón a la izquierda, justo antes de llegar a la iglesia. Síguelo hasta un pequeño patio y sube las escaleras para ver la fachada original de la iglesia y el rosetón central, que data del año 837.

Iglesia de San Giacomo dall'Orio

5 San Giacomo dall'Orio es una de las iglesias más antiguas de Venecia, fundada originalmente en el siglo X. Fue reconstruida en 1225 y modificada en los siglos XV y XVI, por lo que la iglesia actual es una mezcla ecléctica de estilos. Al entrar en el edificio, llama la atención el techo gótico de madera en forma de «casco de barco». El interior contiene otras obras de arte notables, en particular el retablo de Lorenzo Lotto, *La Virgen con Putto entre los santos Andrés, Santiago, Cosme y Damián* (1546). La antigua sacristía presenta dos pinturas de Jacopo Palma el Joven, ambas fechadas en 1581 con escenas del Antiguo Testamento, mientras que en la sacristía nueva, el techo decorado por Paolo Veronese puede admirarse en una espléndida galería. A la derecha del altar, destaca la columna de granito verde del siglo VI procedente de Bizancio.

Campo San Giacomo dall'Orio • 041 718 921 • Cerrado do. • *Vaporetto*: Riva de Biasio • sangiacomodallorio.it

Santa Maria Gloriosa dei Frari

6 (ver págs. 120-121)

Campo dei Frari 3072 • 041 272 8618 • € • *Vaporetto*: San Tomà • basilicadeifrari.it

Escuela Grande de San Rocco

7 (ver págs. 122-125)

Campo San Rocco 3052 • 041 523 4864 • Cerrado 1 de enero y 25 de diciembre • €€€ • *Vaporetto*: San Tomà • scuolagrandesanrocco.org

Campo San Polo

8 Es la segunda plaza más grande de Venecia. Originalmente cubierta de hierba y la localización del mercado semanal. Se pavimentó en 1493 y ha acogido festivales y eventos, como bailes de máscaras, ferias y celebraciones. En invierno, alberga una pista de patinaje. Antiguamente, un canal atravesaba el campo justo al lado del Palacio Soranzo; si se mira de cerca, se puede ver dónde terminaba abruptamente en un extremo de la plaza para reanudarse en el otro. Situada en la esquina suroeste del campo, con la parte posterior orientada hacia la plaza, la **Iglesia de San Polo**(€, *cerrada do.*). En la base hay tallados dos interesantes leones. Si tienes tiempo, entra en la iglesia para ver *La Última Cena* de Tintoretto y en el Oratorio del Crocifisso las catorce estaciones del vía crucis de Giandomenico Tiepolo, hijo de Giambattista.

Salizada San Polo • € • *Vaporetto*: San Tomà

La esquina sureste de Campo San Polo con sus cafés y sus mesas a la sombra.

Santa Maria Gloriosa dei Frari

Lugar de descanso de Tiziano, el gran artista de la escuela veneciana, esta iglesia también alberga más de una de sus obras maestras.

La tumba de Antonio Canova, el famoso escultor neoclásico veneciano.

La Basílica de Santa Maria Gloriosa dei Frari ha sufrido varias ampliaciones desde su construcción en 1222, y hoy es una imponente estructura gótica con planta de cruz latina y tres naves con crucero, sostenida por doce poderosas columnas, con el segundo campanario más alto de la ciudad y un gran claustro. Entrando por la entrada principal, lo primero que llama la atención es el tamaño y la altura de la nave central (102 m). El amplio interior es el escenario perfecto para exhibir las obras maestras de gran formato que atraen a tantos visitantes.

Tumbas y monumentos

El monumento funerario de Canova capta la atenicón de los visitantes, con su singular estructura piramidal, donde se conserva el corazón del escultor. En una esquina, una pequeña ventana iluminada da la impresión de que la propia tumba está conectada con la luz. Las estatuas situadas a ambos lados representan un ángel, que simboliza el paso seguro del alma, y un león alado con un libro, sabiduría que el artista llevaba consigo. Justo enfrente del monumento a Canova hay otro dedicado a Tiziano, creado por uno de los alumnos de Canova, Luigi Zandomeneghi, en 1852. Tiziano está en el centro del grupo de mármol, rodeado de bajorrelieves que recuerdan algunas de sus obras maestras. Al otro lado, un monumento al dux Giovanni Pesaro, obra de Longhena, está adornado con símbolos de Religión, Virtud, Justicia y Entendimiento.

El ábside

Continúa hacia el ábside, pasando por la *Madonna di Ca' Pesaro* de Tiziano y el **Coro dei Monaci** (Coro de los Monjes), el único ejemplo veneciano que se conserva intacto. Obra del maestro Marco Cozzi, consta de 124 sillerías con incrustaciones en tres órdenes. En el ábside, el altar está dominado por la monumental obra maestra de Tiziano, *La Asunción* (1518), con un rico fondo dorado donde María, vestida de rojo, es elevada hacia Dios por querubines. En la capilla del fondo del crucero se encuentra la única obra veneciana de Donatello, una magnífica escultura de madera de San Juan Bautista.

Información **turística**

El monumento funerario a Canova estaba destinado originalmente a Tiziano. Tras la muerte del escultor, sus discípulos modificaron el diseño, creyendo que era el lugar de descanso más apropiado para el escultor, aunque solo su corazón está enterrado aquí; el cuerpo yace en el Templo de Passagno, su ciudad natal. De hecho, Canova era masón y la forma de la tumba representa el símbolo del gran arquitecto del universo.

Sacristía y sala capitular

Otras obras maestras se encuentran en el ala este de la iglesia. En la sacristía se puede admirar el políptico de Bellini *Virgen con el Niño y los santos* (1488). Más adelante, en la sala capitular, se encuentra la pintura sobre tabla de Paolo Veneziano *Virgen con el Niño, santos y el* dux (1339).

Campo dei Frari 3072 • 041 272 8618 • € • *Vaporetto*: San Tomà • basilicadeifrari.it

Escuela Grande de San Rocco

Esta institución dedicada a ayudar a los pobres está literalmente cubierta de obras maestras del artista veneciano Tintoretto.

Las fachadas de la Escuela Grande de San Rocco (izquierda) y la Iglesia de San Rocco (derecha).

No hace falta ser un amante del arte para apreciar el esplendor de la Escuela Grande de San Rocco: es imposible no maravillarse ante su grandeza. En Venecia había seis escuelas principales, cada una dedicada a un santo patrón diferente y dirigida por una organización civil con unos 500 miembros. La Escuela Grande de San Rocco está dedicada a San Roque, protector de la peste que asoló Venecia con su ajetreado puerto. Se cree que Tintoretto y Tiziano también fueron víctimas de la epidemia.

■ El edificio

Este espléndido edificio renacentista de mármol blanco y piedra de Istria se terminó hacia 1560, tras cincuenta años de trabajo bajo la dirección de tres arquitectos diferentes. Un vistazo a la fachada antes de entrar revela el trabajo de cada uno de ellos. Pietro Bon creó la parte inferior de la fachada principal, mientras que el piso superior fue diseñado por Scarpagnino. Fíjate bien en las formas y estilos de las ventanas y reconocerás las diferentes improntas. En la planta baja, las ventanas son de estilo románico, típico de principios del Renacimiento, mientras que arriba son más neoclásicas. La fachada sur, más tardía, fue diseñada por Sante Lombardo y su padre Tullio.

■ Sala Terrena

La planta baja está dominada por una gran sala rectangular diáfana, con techo de vigas de madera y dos conjuntos de columnas octogonales de mármol blanco que conducen a un altar dedicado a San Roque, patrón de la institución. En esta planta hay ocho grandes lienzos de Tintoretto en las paredes, que representan los primeros años de la vida de Jesús y la vida de la Virgen María. A la derecha, dos tramos de escaleras convergen para formar la **Escalera Scarpagnino**, con techo abovedado y paredes pintadas.

UNA **CURIOSIDAD**

Cuando en 1564 se convocó un concurso para encargar obras de arte para la Escuela, Tintoretto presentó, en lugar de los bocetos preparatorios, el cuadro terminado que hoy puede verse en el techo de la Sala dell'Albergo. Un movimiento audaz con el que ganó el encargo y pasó los siguientes veinticuatro años completando el proyecto.

■ Escalera Scarpagnino

Diseñada en 1544 por Antonio Abbondi, conocido como el Scarpagnino, en la pared izquierda se encuentra *La Virgen salva a Venecia de la peste*, de Pietro Negri, que ilustra la plaga mortal que acabó con un tercio de la población en 1630 y llevó a la construcción de **Santa Maria della Salute** (ver págs. 134-135). A lo largo de la pared de la derecha hay otro cuadro con el mismo tema de la peste, *La Virgen apareciéndose a las víctimas de la peste*, de Antonio Zanchi. Las dos pinturas conducen a la **Sala Capitular** y a la **Sala del Tesoro**, pero primero hay que mirar hacia arriba para admirar el fresco de 1700 que decora la cúpula sobre la escalera, atribuido a Giovanni Antonio Fiumani.

Escalera de Scarpagnino y pintura de Zanchi con escenas de la peste.

■ Sala Capitular

La Sala Capitular o Superior te dejará sin aliento por su rica decoración. Al entrar en la sala, a la derecha hay un altar con dos cuadros sobre caballetes. Se trata de *La Anunciación* de Tiziano (1559-1564) y *La Visitación* de Tintoretto (1588). A lo largo de los laterales se alinean espléndidas figuras talladas en madera por Francesco Pianta el Joven, que representan la Esperanza, la Furia, la Fe, el Honor y la Ignorancia. También hay figuras alegóricas dispuestas en once paneles de Tintoretto, que narran la historia del Nuevo Testamento desde la *Adoración de los pastores* hasta la *Tentación de Cristo*. El techo contiene otras pinturas de Tintoretto, con escenas del Antiguo Testamento como *El Pecado Original* y *Daniel salvado por el ángel*. En el centro de la habitación encontrarás un gran espejo que te permitirá ver el techo sin forzar el cuello. Otras dos obras destacables en esta sala son *Agar e Ismael*, y *Abraham y los ángeles*, ambas pintadas por Tiepolo en 1782.

■ Sala dell'Albergo

A la izquierda de la Sala Capitular, en la Sala dell'Albergo, en el centro de la bóveda, se encuentra la obra maestra de Tintoretto ganadora de un

Veintiuna obras de Tintoretto cubren el techo de la Sala Capitular.

concurso (ver el recuadro de la pág. 123), *San Rocco in Gloria.* El detalle de esta pintura está en la perspectiva de las figuras de Cristo, la Misericordia y San Roque que se encuentran en una posición perfectamente vertical aunque estén situadas en dimensiones espaciales completamente diferentes. Las pinturas que lo rodean representan las otras escuelas principales de Venecia, destacan las cuatro estaciones en las esquinas. Alrededor de las paredes hay grandes lienzos que representan la Pasión y la Muerte de Cristo.

■ Sala del Tesoro

En el último piso de la Escuela, el Tesoro es una pequeña sala que contiene una impresionante colección de cálices, crucifijos y relicarios. Estas obras maestras del arte orfebre están ricamente decoradas con ornamentos y joyas.

Campo San Rocco 3052 • 041 523 4864 • Cerrado 1 de enero y 25 de diciembre • €€€ •
Vaporetto: San Tomà • scuolagrandesanrocco.org

El Carnaval

Desde sus modestos orígenes, el Carnaval veneciano se ha convertido en una fiesta extensa e importante de Europa. Ya en el siglo XVIII, hasta 30 000 visitantes abarrotaban las estrechas calles en la semana anterior a la Cuaresma, con bailes y desfiles de máscaras, luciendo extravagantes disfraces, apostando y manteniendo relaciones ilícitas, todo ello escondidos en el anonimato.

Un bromista posa en el Carnaval de Venecia. Página siguiente: un artista da los últimos retoques a una máscara en el taller de Ca' Macana.

Las celebraciones del Carnaval comenzaron como una fiesta previa a la Cuaresma y se convirtieron en una serie de eventos hedonistas durante las semanas previas al miércoles de Ceniza. Durante el siglo XV, grupos de jóvenes nobles, conocidos como *Compagnie della calza*, por las medias de colores brillantes que usaban, comenzaron a organizar eventos importantes.
La gente asistía a procesiones, iba a la ópera y al teatro y participaba en bailes de máscaras. Finalmente, el martes de Carnaval, la **Plaza San Marco** (ver págs. 58-59) estaba repleta de gente que cantaba y bailaba todo el día.

Ti conosco, mascherina

Las máscaras y los disfraces siempre han sido una de las características del Carnaval. Permitieron a la gente disfrutar sin diferencias sociales y en completo anonimato, ya que la regla fundamental era que nunca se podía investigar la identidad de una persona. La conocida *bauta*, usada por los hombres, consistía en una máscara blanca, usada con un sombrero tricornio y un dominó negro. Las mujeres llevaban la *moretta*, una máscara de terciopelo negro que cubría la mayor parte de la cara, con un velo y un pequeño sombrero. Los personajes de la comedia del arte también fueron muy populares; entre los más conocidos están Arlequín y Colombina.

Decadencia y reinvención

Durante el siglo XVIII, cuando la República entró en decadencia, las celebraciones de Carnaval se volvieron más salvajes y extravagantes. Visitantes de toda Europa festejaban la noche con los venecianos. Cuando la República cayó en 1797, el nuevo gobierno austríaco prohibió las celebraciones, que se restablecieron en 1978. Hoy duran unas dos semanas, y comienzan con el *Volo dell'Angelo* (Vuelo del Ángel), que inaugura oficialmente el Carnaval; se trata de la actuación de un acróbata que se lanza desde el campanario de San Marco hasta la galería del Palacio Ducal deslizándose por una cuerda suspendida en el vacío sobre la plaza. Siguen procesiones por los canales, desfiles de disfraces y bailes de máscaras que terminan en la Plaza San Marco el martes de Carnaval.

Fiestas venecianas

A lo largo del año se celebran en Venecia un buen número de fiestas espectaculares, y si quieres vivir una buena experiencia, merece la pena planificar tu visita para que coincida con alguno de estos acontecimientos. Algunas de las celebraciones más interesantes tienen lugar a lo largo de los canales.

■ Fiesta de San Giacomo dall'Orio

Cada mes de julio, durante diez días, el Campo San Giacomo dall'Orio se transforma por completo en un escenario de luces, guirnaldas y filas de mesas y bancos. Un gran puesto de comida ofrece costillas, pollo, salchichas, albóndigas, platos de pasta y polenta. Este festival benéfico, organizado en favor de los sin techo y los necesitados, se celebra desde 1966.

San Pablo • Mediados de julio • *Vaporetto*: Riva de Biasio

■ Regata histórica

Se cree que esta tradición se originó a mediados del siglo XIII. El evento suele comenzar a las 16:00 h con una procesión de embarcaciones históricas maniobradas por remeros disfrazados. A continuación se celebran varias regatas con recorridos diferentes, cada una para una categoría distinta según la época y el tipo de embarcación. Las embarcaciones parten de Castello, atraviesan la Dársena de San Marco y descienden por el Gran Canal hasta la zona de la estación de Santa Lucia. A continuación realizan el «giro del paleto» y regresan para alcanzar la meta en Ca' Foscari, en el *sestiere* de Dorsoduro. Se espera ver a cientos de personas animando a los competidores y un desfile de embarcaciones y trajes tradicionales. Para una mejor visión, acércate entre las paradas de Rialto y San Tomà.

Canal Grande • 1er do. de septiembre • *Vaporetto*: Rialto, San Tomà • regatastoricavenezia.it

■ Fiesta de la Madonna della Salute

Cada año, los venecianos se reúnen para encender una vela en esta fiesta en honor de la Madonna della Salute. La tradición se originó en 1630 con una procesión de oración a la virgen para implorar el alivio de la gran peste que asolaba la ciudad. En señal de

En Navidad, los fuegos artificiales brillan en el Puente de Rialto.

agradecimiento por la liberación, el dux prometió construir una iglesia: **Santa Maria della Salute** (ver pág. 134-135). Para la ocasión, un puente provisional de madera cruzaba el Gran Canal desde **Santa Maria del Giglio** (*Campo Santa Maria del Giglio, 041 275 0462*) hasta la orilla de Dorsoduro. Las familias se reúnen para comer *castradina*, un plato de cordero, col, cebolla y vino.

Santa Maria della Salute • 21 de noviembre • *Vaporetto*: Salute

■ Fiesta del Redentore

La celebración dura todo el fin de semana y agradece la liberación de la peste en el siglo XVI. Un puente unía Zattere de Dorsoduro con la isla de Giudecca y el dux encabezaba una procesión a través de la Iglesia del Redentore. Hoy, un puente de madera une las dos islas y la gente se reúne en barcas decoradas y cargadas de vino. Concluye con fuegos artificiales.

Dársena de San Marco • 3er do. de julio • *Vaporetto:* Salute

ALBERGO

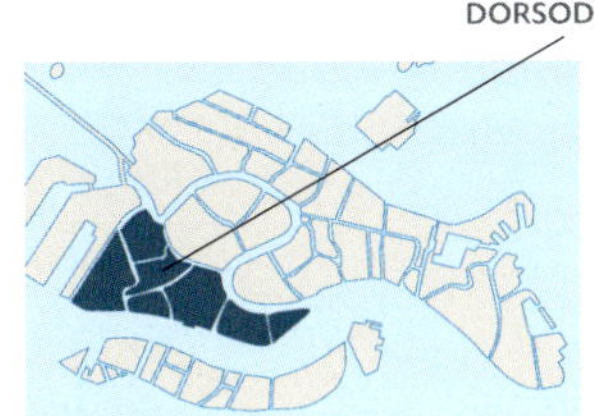

Dorsoduro

Encajado entre el Gran Canal y el Canal de la Giudecca, en el extremo sur de Venecia, Dorsoduro, que incluye también la isla de la Giudecca, debe su singular nombre a que fue una de las pocas masas de tierra firme y dura que emergieron de la laguna. Tras más de un milenio de urbanización, el *sestiere* es famoso por su doble personalidad: tranquila zona residencial y estudiantil durante el día y animada sede de la vida nocturna. Sin embargo, Dorsoduro es más conocido por sus colecciones de arte. La creación de la Academia de Bellas Artes a mediados del siglo XVIII allanó el camino a una serie de prestigiosos museos, como la Colección Peggy Guggenheim de arte contemporáneo, el suntuoso palacio de Ca' Rezzonico, con sus tesoros del siglo XVIII, y el Museo Punta della Dogana, dedicado a exposiciones de vanguardia contemporánea. Después de un atracón de obras de arte, el *sestiere* ofrece muchos rincones tranquilos aptos para la reflexión entre las numerosas plazas y paseos junto a los canales.

◄ **Mesas al aire libre en el restaurante Albergo Antico Capon, en Campo Santa Margherita.**

DORSODURO

Dorsoduro

Admira obras de arte desde la Edad Media hasta nuestros días mientras paseas por este estrecho sestiere, encerrado entre el Gran Canal y el Canal de la Giudecca.

6 Galerías de la Academia (ver págs. 140-143). **Quinientos años de genio creativo veneciano llenan las galerías de este importantísimo museo. Toma el *vaporetto* frente a la entrada y en una parada llegarás a Ca' Rezzonico.**

7 Ca' Rezzonico (ver pág. 138). **Admira la Venecia del siglo XVIII a través de las obras de arte y los muebles dispuestos como si una rica familia de comerciantes aún viviera en este palacio. Sigue por la Calle del Traghetto hasta Campo San Barnaba, cruza el canal y continua por el Canal de Rio Terà.**

8 Campo Santa Margherita (ver págs. 138-139). **Pasea entre los puestos del mercado o relájate en uno de los numerosos cafés al aire libre, a menudo llenos de estudiantes de la universidad cercana.**

DORSODURO DISTANCIA: 2 KM TIEMPO: 7-8 H
SALIDA: MOLO DELLA SALUTE

5 Puente de la Academia (ver págs. 137-138). Este querido puente de madera es un gran lugar para tomarse un *selfie* o simplemente para admirar el Gran Canal. Luego cruza a Campo della Carità.

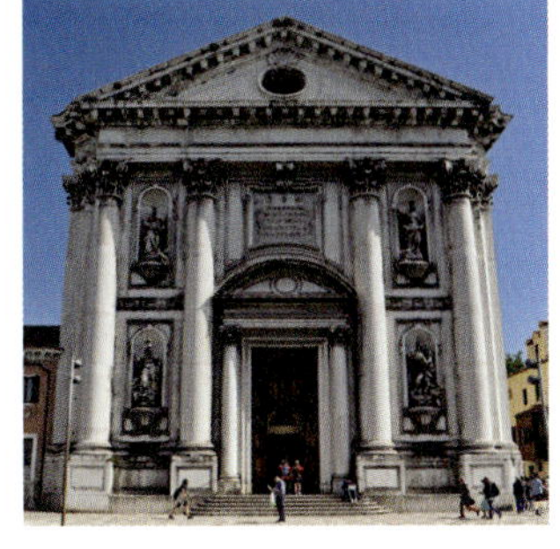

4 Iglesia de los Gesuati (ver pág. 137). Un triunfo del rococó en el interior de esta suntuosa iglesia barroca, con sus obras maestras de Tiepolo, Tintoretto y Morlaiter. Sigue por Rio Terrà Foscarini, junto a la iglesia, para volver a la orilla opuesta.

3 Zattere (ver pág. 136). Deléitate a lo largo de este hermoso paseo que recorre aproximadamente 1,5 km en la orilla norte del Canal de la Giudecca. La Iglesia de los Gesuati se encuentra más o menos a mitad de camino.

2 Colección Peggy Guggenheim (ver pág. 135). Admira este espectacular compendio de maestros del siglo xx y la hermosa vista del Gran Canal desde la terraza trasera. A continuación, camina hacia el sur por las calles Molin y Monastero para llegar al Canal de la Giudecca.

1 Santa Maria della Salute (ver págs. 134-135). Comienza el día en la histórica iglesia barroca de la Salute, repleta de obras maestras de Tiziano y Tintoretto. Cruza el puente sobre el Canal della Salute y dirígete al oeste por las calles San Gregorio y Barbaro.

Santa Maria della Salute

1 La Iglesia della Salute, en el extremo oriental de Dorsoduro, es un tributo a la fe inquebrantable y talento artístico de Venecia. Como las demás «iglesias de la peste» de la ciudad, esta basílica barroca se erigió en agradecimiento a la Virgen María por el fin de una epidemia de peste bubónica, que estalló en 1630 y diezmó a un tercio de la población. La insólita planta octogonal de Baldassare Longhena está llena de simbolismo. Admira la formidable fachada. Acabada en piedra blanca de Istria, la estructura descansa sobre un arco de triunfo romano y se eleva hacia la imponente cúpula que representa la corona de María. Atraviesa la gigantesca puerta de bronce y te encontrarás en el vasto interior. Seis capillas rodean una nave luminosa con suelos geométricos que recuerdan a Escher y convergen en un vórtice al que se atribuyen poderes terapéuticos místicos. El punto fuerte de la visita es el altar

La Iglesia de Santa Maria della Salute está flanqueada por estatuas de santos y ángeles.

mayor, en homenaje a la «Virgen Mesopanditissa», venerada como Nuestra Señora de la Salud. La Salute alberga numerosas obras maestras de Tiziano: levanta la vista para admirar los frescos del Antiguo Testamento. También encontrarás *Las bodas de Caná* de Tintoretto, la interpretación de Jacopo Palma el Joven de *Jonás emergiendo de la boca de la ballena*, y *La Virgen ahuyentando a la peste de Venecia*, del escultor flamenco Josse De Corte.

Campo della Salute • 041 274 3928 • €€€ •
Vaporetto: Salute • basilicasalutevenezia.it

INFORMACIÓN **TURÍSTICA**

En Dorsoduro se celebran en dos ocasiones al año las fiestas religiosas durante las cuales se tiende un puente votivo temporal a través del canal que une los dos lados del *sestiere* (ver págs. 128-129). La costumbre se remonta a la Edad Media, cuando los devotos acudían en masa a Santa Maria della Salute y a la Iglesia del Santissimo Redentore (*Campo del Santissimo Redentore, cerrado do., €*) para dar gracias por el fin de la epidemia de la peste.

Colección Peggy Guggenheim

2 En 1948, la heredera y mecenas del arte estadounidense Peggy Guggenheim compró un palacio ruinoso junto al Gran Canal, el Palacio Venier dei Leoni, y durante treinta años lo transformó en una espectacular muestra de arte moderno. Tanto el interior como los espacios exteriores están llenos de pinturas y esculturas de maestros del siglo XX. De Duchamp y Dalí a Picasso, Chagall, Miró y Kandinsky. Entre los numerosos tesoros expuestos se encuentran *La voz de los vientos* de Magritte, *El clarinete* de Braque, *Bosque encantado* de Pollock, *El jardín mágico* de Klee y *Retrato de una joven mujer con cuello marinero* de Modigliani, así como varias obras de Ernst (el segundo marido de Peggy). Tómate un descanso en la cafetería del museo antes de admirar las obras de Moore, Rodin y Brancusi, entre otras, expuestas en el surrealista **Jardín de Esculturas Nasher**, o las de LeWitt, Caro y Hepworth en el **Jardín Schulhof**. La colección también cuenta con fotografías, grabados y joyas, así como piezas de África, Asia, el Pacífico y las Américas.

Dorsoduro 701 • 041 240 5411 • Cerrado ma. y 25 de diciembre • €€€€ •
Vaporetto: Accademia, Salute • guggenheim-venice.it

Zattere

3 Este popular paseo marítimo se extiende durante 1 km a lo largo de la costa sur de Dorsoduro. Famosa por sus increíbles vistas hasta la isla de Giudecca, la costa está repleta de bares, cafés y restaurantes, muchos de ellos con terrazas. Entre los edificios históricos de Zattere se encuentran el Palacio Clary Ficquelmont del siglo XVII, bastión de una noble familia franco-austriaca, y la escuela de arte de la Academia de Bellas Artes de Venecia, ubicada en un complejo del siglo XVI que una vez sirvió como hospital para pacientes que se pensaba que tenían enfermedades terminales. Durante todo el año se celebran aquí numerosos eventos, incluidos exposiciones de arte y desfiles de moda. La iglesia más grande que se encuentra a lo largo de Zattere es la **Iglesia de los Gesuati**.

Litorale di Dorsoduro entre Punta della Dogana y Rio dei Tolentini • *Vaporetto*: Zattere, San Basilio, Spirito Santo

Los venecianos acuden a Zattere para pasear o disfrutar de las vistas sentados en uno de los muchos bares y restaurantes.

Iglesia de los Gesuati

4 Esta iglesia frente al mar lleva el nombre de **Santa Maria del Rosario**, pero los lugareños prefieren llamarla de los Gesuati, apodo utilizado por primera vez en el siglo XVII cuando la propiedad fue transferida de la extinta orden gesuati a los dominicos. El arquitecto Giorgio Massari recibió el encargo de su construcción, un proyecto que duró más de dos décadas (desde 1724). La fachada neoclásica recuerda a la **Iglesia del Santissimo Redentore** de Andrea Palladio, en la orilla opuesta del Canal de la Giudecca. El interior es puro rococó, con un esplendor que destaca en el techo y un fresco de Tiepolo con escenas de la vida de Santo Domingo. Otra obra es la conmovedora *Crucifixión* de Tintoretto. Casi todas las esculturas monumentales de mármol son de Giovanni Maria Morlaiter.

Fundamenta delle Zattere 917 • 041 275 0462 • Cerrado do. • € • *Vaporetto*: Zattere • chorusvenezia.org

INFORMACIÓN **TURÍSTICA**

Situada en el extremo oriental del paseo de Zattere, la Punta della Dogana es uno de los centros artísticos de la ciudad y ofrece uno de los mejores miradores para admirar la dársena de San Marcos. El edificio triangular del siglo XVII de la Dogana di Mare, que controló el comercio marítimo de Venecia, alberga el Museo de Arte contemporáneo Punta della Dogana (*Campo San Samuele 3231, 041 2401 308, €€€€*), que presenta exposiciones temporales con parte de la colección posmoderna del magnate francés François-Henri Pinault.

Puente de la Academia

5 Este amado puente, que lleva el nombre de las vecinas **Galerías de la Academia** (ver págs. 140-143), es el que está más al sur de los cuatro puentes que cruzan el Gran Canal. Admira la vista del canal hacia el este, a la **Iglesia de Santa Maria della Salute**: una de las escenas más fotografiadas y pintadas de la ciudad. El puente es una réplica de una versión anterior de madera. Diseñado en los años 30 por Eugenio Miozzi, el ingeniero bresciano que restauró el **Teatro La Fenice** (ver págs. 61-62), el puente se reconstruyó a mediados de la década de 1980 con arcos metálicos para soportar la estructura.

Campo della Carità • *Vaporetto*: Accademia

Galerías de la Academia

6 (ver págs. 140-143)

Campo della Carità 1050 • 800 150 666, 041 524 3354 • €€€-€€€€ • *Vaporetto*: Accademia • galerieaccademia.it

Ca' Rezzonico

7 Detrás de la fachada barroca, el magnífico Palacio Rezzonico alberga un museo dedicado al esplendor y la decadencia de la Venecia del siglo XVIII. Antigua residencia de la familia Rezzonico, hoy el museo está organizado según el concepto de una reconstrucción fiel, con obras y muebles dispuestos como si el edificio todavía estuviera habitado. Entre las numerosas obras maestras, en el primer piso se encuentran las espléndidas decoraciones pictóricas del **Salón de Baile**, los increíbles frescos del techo de la **Sala de la Alegoría Nupcial** y de la **Sala del Trono**, y los tapices flamencos del siglo XVII que decoran la **Sala de los Tapices**. En el segundo piso destaca la **Puerta de las Pinturas** que alberga dos obras de Canaletto, y en el tercero los jarrones de mayólica de la **Farmacia Ai do San Marchi** y las obras de los maestros venecianos de la Pinacoteca Egidio Martini. También es destacable la vista del Gran Canal desde las ventanas del piso superior.

Fondamenta Rezzonico 3136 • 041 241 0100 • Cerrado ma. • €€€ • *Vaporetto*: Ca' Rezzonico • carezzonico.visitmuve.it

DÓNDE **COMER**

■ AI ARTISTI
Una taberna ideal para un almuerzo ligero. Entre los *cicchetti*: verduras a la parrilla, pescado marinado y quesos locales. Mesas al aire libre. **Fondamenta della Toletta 1169/A, 041 523 8944, cerrado do. y lu., €€**

■ BAR ALLA TOLETTA
A medio camino entre las Galerías de la Academia y Ca' Rezzonico, este bar ofrece sándwiches a la plancha y *tramezzini*. **Calle della Toletta 1191, 041 520 0196, €**

■ LA CALCINA
Restaurante-pizzería que ofrece platos refinados como *baccalà mantecato alla veneziana* (bacalao a la veneciana) y *spaghetti alle vongole* (con almejas) salteados en Pinot Grigio. **Fondamenta delle Zattere 780, 041 520 6466, €€€**

Campo Santa Margherita

8 Esta espaciosa plaza es la más animada de Dorsoduro y atrae cada día a los lugareños a sus puestos de fruta, pescado y ropa, y a los estudiantes de la cercana universidad a sus bares

Los visitantes de Ca' Rezzonico asisten a un concierto durante el Carnaval en el magnífico Salón de Baile, decorado con frescos y muebles de ébano y boj.

y cafés al aire libre. Es uno de los mejores lugares de la ciudad para observar la vida cotidiana de los venecianos. Músicos y artistas callejeros frecuentan la plaza, que ocasionalmente acoge un concierto o un evento de Carnaval (ver págs. 126-127). La función principal de la plaza (o *campo*) es proporcionar un espacio para relajarse. Disfruta de un *capuccino* en el **Caffè Rosso** (*041 528 7998, €*), de un *spritz* en el bar **Margaret Duchamp** (*041 528 6255, €*) o de un helado en la **Gelateria il Doge** (*Dorsoduro 3058/A*). Si giras la mirada hacia el noroeste podrás ver la iglesia desconsagrada de la que la plaza toma el nombre y su campanario truncado. Actualmente alberga el Auditorio Santa Margherita, espacio a disposición de la Universidad Ca' Foscari.

Campo Santa Margherita • *Vaporetto*: Ca' Rezzonico, San Tomà

Galerías de la Academia

Este famoso museo ofrece un compendio visual de arte veneciano de los siglos XIV al XVIII.

El monumental grupo de la *Piedad*, realizado por Bartolomeo Ferrari según Antonio Canova.

En la orilla sur del Gran Canal, la colección de la Academia abarca un período del arte véneto y veneciano que va desde finales del bizantino y gótico hasta el renacentista y el barroco. La visita comienza en la primera planta (siglos del XIV al XVI) y termina en la planta baja (siglos del XVII al XIX). Aquí están todos los grandes maestros: Bellini, Veronese, Tintoretto, Tiziano, Tiepolo y Canaletto. Puntualmente, algunas salas se cierran por restauración y las obras se trasladan a otras, no expuestas al público o en proceso de restauración.

■ Período bizantino y gótico

La sala I del museo está dedicada a los primeros maestros de la escuela veneciana de 1300 a 1450. Estilo con figuras religiosas estáticas sobre fondo dorado, de influencia bizantina en el Mediterráneo oriental, que empezaba a desvanecerse. Paolo Veneziano pintó la *Coronación de la Virgen* y la *Virgen con el Niño*, representaciones también expuestas en la Sala de Antonio Vivarini, pintor veneciano-bizantino de finales del siglo XIII. Lorenzo Veneziano es autor de retablos del siglo XIV, y destacan varios paneles de Jacobello del Fiore. Esta fue en su día la Sala Capitular de la Escuela Grande de Santa Maria della Carità y el techo es el original.

■ Renacimiento

El museo cuenta con una increíble colección renacentista que ocupa las salas II-XVI, e incluye muchas de las grandes obras maestras producidas en Venecia en aquella época. Entre ellas se encuentra, por ejemplo, la épica *Crucifixión y apoteosis de los diez mil mártires del monte Ararat*, de Vittore Carpaccio, una imagen realista y truculenta que recuerda a las primeras obras de El Bosco. Otras obras son el clásico *Virgen con el Niño entre San Juan Bautista y un santo* de Bellini, la *Deposición de Cristo de la Cruz* de Tintoretto y un *San Juan Bautista* de Tiziano, así como el *Retrato de San Jorge con el dragón muerto a sus pies* de Mantegna. El período renacentista tiene su apogeo en dos grandes pinturas: *Cena en casa de Leví* de Veronese y *San Marcos liberando al esclavo* de Tintoretto. Estas obras monumentales casi superan a la melancólica *Piedad*, la última obra de Tiziano, que se cree que fue terminada por Jacopo Palma el Joven tras la muerte del maestro en 1576. El cuadro tiene un autorretrato de Tiziano y su hijo, arrodillados en oración para pedir a la Virgen María la liberación de Venecia de la peste que acabó con la vida de ambos.

INFORMACIÓN **TURÍSTICA**

Cena en casa de Leví **de Veronese es uno de los lienzos más grandes de la Europa del siglo XVI y quizá uno de los más controvertidos. Realizado originalmente para la iglesia de los Santos Giovanni y Paolo (****ver pág. 84-85****), recuerda a la Última Cena, y provocó una investigación de la Inquisición porque había sido transformada en banquete y enriquecida con presencias insólitas, como un bufón enano con un loro. Veronese evitó la acusación de herejía cambiando simplemente el título.**

Una de las varias escenas de *La leyenda de Santa Úrsula*, de Vittore Carpaccio (1498).

Barroco y rococó

La obsesión veneciana por los temas religiosos continuó a lo largo de los siglos XVI y XVII, como muestran las salas barrocas del museo. Entre las obras maestras de esta sección se encuentran *Transporte de la Santa Casa de Loreto* de Tiepolo, y *Banquete en la casa de Simón* de Strozzi, artista genovés que trabajaba a menudo en Venecia. Las obras religiosas dieron paso gradualmente a temas más profanos, como paisajes, retratos de gente corriente y representaciones de acontecimientos históricos. Entre los mejores ejemplos de estos últimos están los paisajes urbanos de Canaletto, llenos de detalles, y las animadas escenas de la vida cotidiana de Longhi, que muestran a la aristocracia veneciana vistiendo los nuevos trajes de moda, ayudada por sus numerosos sirvientes, y retozando en los bailes. La galería de la sala VII está enteramente dedicada a las espléndidas obras de Antonio Canova. Destacan los seis modelos

de metopas en yeso del Templo de la Trinidad de Possagno, última creación del artista. En la misma sala destaca el grupo monumental de la *Piedad*, ejecutado por Bartolomeo Ferrari.

■ Ciclos de pintura

El museo regresa a la Edad Media con la exposición de obras complejas sobre temas específicos. Varios maestros venecianos, entre ellos Bellini y Carpaccio, contribuyeron a los *Milagros de la Reliquia de la Vera Cruz*, una serie de ocho pinturas encargadas originalmente para la Escuela Grande de San Giovanni Evangelista. El *Milagro de la reliquia de la Cruz en el Puente del Rialto* de Carpaccio, y la *Procesión en la plaza de San Marco* de Bellini (ambas en restauración en aquella época) son las obras más famosas, y nos muestran la vida en la Venecia renacentista. Otro ciclo épico lo constituyen los nueve paneles de las *Historias de Santa Úrsula* de Carpaccio. La antigua Iglesia de Santa Maria della Carità alberga otras obras religiosas renacentistas, mientras que la antigua secretaría de la escuela gira en torno a un tríptico de Antonio Vivarini y la obra *Presentación de María al Templo* de Tiziano. Pintado hacia 1530, este lienzo es el único de todo el museo que se conserva en su emplazamiento original. Oculta entre las numerosas pinturas religiosas se encuentra también la sublime obra de Giorgione, *La Tempestad*, un cuadro misterioso del que el artista se negó a dar explicaciones durante toda su vida.

Campo della Carità 1050 • 800 150 666 • €€€-€€€€ • *Vaporetto*: Accademia • galerieaccademia.it

Artistas venecianos

Rodeados por la suave luz de la laguna, con un gusto bizantino por las superficies ricamente coloreadas, los pintores que trabajaron en Venecia produjeron un arte típicamente veneciano, que alcanzó su plena expresión en el Renacimiento. También se inspiraron en el amor a su ciudad y muchas de sus obras se conservan en las iglesias y palacios para las que fueron creadas.

***Virgen con el Niño* de Paolo Veneziano.**
Página opuesta: *Procesión en la plaza de San Marco* de Bellini.

El legado de Bizancio

El primer pintor claramente representativo de Venecia es Paolo Veneziano (1300-1360). En 1345 pintó y firmó la caja de madera de la Pala d'Oro (hoy en el **Museo de San Marco**, ver pág. 65), con sus colores ricos y profundos, sus figuras estilizadas y su fondo decorativo de pan de oro, típicamente bizantino.

La familia Bellini

El Renacimiento temprano estuvo dominado por la familia Bellini, Jacopo y sus dos hijos, Gentile y Giovanni. La mayor parte de las obras de Jacopo (1400-1470) han sido destruidas, pero se conservan dos cuadernos de bocetos que ejercieron una profunda influencia, con unos 230 dibujos de arquitectura, figuras y paisajes, en los que el artista experimentó con la perspectiva lineal. Giovanni (1430-1516), uno de los principales artistas del Renacimiento temprano en Venecia, adoptó la nueva técnica de la pintura al óleo en capas de color transparente. Se hizo célebre por sus temas religiosos sobre el fondo de paisajes bañados por una luz sugestiva y por su expresivo uso del color. En sus figuras logró expresar un nuevo sentido de la humanidad, evidente en muchas Madonas (vírgenes) con expresiones contemplativas, conservadas en las **Galerías de la Academia** (ver págs. 140-143). Gentile (c. 1429-1507) fue un importante pintor de lienzos, cuadros que representaban la vida cívica de la ciudad y que las escuelas encargaban para sus locales. Como su *Procesión en la plaza de San Marco*, pintada en 1496 para la **Escuela Grande de San Marco** (ver págs. 78-79), donde se suelen incluir multitudes sobre fondos arquitectónicos.

Los maestros del Alto Renacimiento

Quizá el artista más brillante criado en el taller de Bellini fue Giorgio da Castelfranco (Giorgione, 1476-1510), que se especializó en

pequeñas pinturas, en su mayoría de tema profano, encargadas por particulares. Representan paisajes evocadores que sirven de telón de fondo a pequeños incidentes y figuras aisladas; el más conocido es *La Tempestad*, en las Galerías de la Academia (ver pág. 143). Tiziano (1477-1576) fue el primer pintor veneciano que alcanzó fama internacional. En 1516, recibió el encargo de *La Asunción de la Virgen* para **Santa Maria Gloriosa dei Frari** (ver págs. 120-121); el tamaño, el color y el realismo del cuadro consolidaron la reputación del artista. El sucesor directo de Tiziano fue Jacopo Robusti (1519-1594), conocido como Tintoretto. En gran parte autodidacta, Tintoretto obtuvo encargos para iglesias y escuelas venecianas y para el **Palacio Ducal** (ver págs. 66-67). Artista prolífico, apasionado y profundamente religioso, produjo obras dramáticas. Muchas de sus obras se encuentran en la **Escuela Grande de San Rocco** (ver págs. 122-125). Contemporáneo de Tintoretto, el veronés Paolo Caliari (c. 1528-1588) era conocido como Veronese. Pintó frescos, escenas de fiestas para escuelas y retablos, y se convirtió en uno de los artistas más activos de la ciudad. Las pinturas de Veronese tienen un aire de placer relajado. Multitudes de nobles suntuosamente vestidos llenan sus enormes lienzos, con una hábil división del espacio y colores brillantes.

***La Asunción de la Virgen* de Tiziano (1516-1518).**

***El rapto de Europa* de Veronese en el Palacio Ducal.**

RETRATOS **DE VENECIA**

Rosalba Carriera (1675-1752) fue famosa por sus retratos realizados con la nueva técnica del pastel.

Pietro Longhi (1702-1785) pintó escenas populares de la vida aristocrática.

Canaletto (Giovanni Antonio, 1697-1768) es famoso por sus vistas de Venecia que representan tranquilas plazas y fastuosas fiestas.

Francesco Guardi (1712-1793) se especializó en vistas de la ciudad en las que destacaba el ambiente general y no los detalles.

Esplendor rococó

Durante el siglo XVII, la pintura sufrió un ligero declive, pero volvió a florecer en el siglo XVIII. Giambattista (Giovanni Battista) Tiepolo (1696-1770), inspirado por las obras de Paolo Caliari conocido como Veronese, fue el mayor pintor de frescos de su época. A menudo asistido por su hijo Giandomenico, Tiepolo trabajó en ciclos decorativos y retablos por toda la ciudad. Entre los mejores ejemplos de sus escenas mitológicas, ricas en colores brillantes, que se elevan hacia el cielo en un complejo dibujo, se encuentran las pinturas expuestas en **Ca' Rezzonico** (ver pág. 138) y en la **Escuela Grande dei Carmini** de Dorsoduro (*Dorsoduro 2616-2617, 041 528 9420, €, scuolagrandecarmini.it*).

Las plazas de Venecia

Las plazas (*campo*) de la ciudad revelan una sensibilidad poética que contrasta con la grandeza monumental de la Plaza San Marco. El secreto para captar la esencia de Venecia, esa sociabilidad cotidiana que aprecian sus habitantes, es detenerse en una de estas plazas y observar el desarrollo de la vida cotidiana.

■ Campo San Barnaba

Es difícil encontrar una plaza veneciana más de postal que Campo San Barnaba, en Dorsoduro: góndolas a lo largo del muelle, viejos puentes sobre el canal y la fachada de una imponente iglesia. El **Puente dei Pugni** fue el lugar donde durante siglos las dos principales facciones pesqueras de la ciudad compitieron por un puesto en primera fila del mercado. Busca las cuatro huellas en el mármol que marcan la posición de partida de estos enfrentamientos. Los fans de Indiana Jones reconocerán la plaza por la película *La última cruzada*.

Fondamenta Gherardini • *Vaporetto*: Ca' Rezzonico

■ Campo Santa Maria Formosa

Desde la parada de las góndolas hasta los puestos del mercado y la hermosa iglesia renacentista, todos los elementos clásicos de una plaza veneciana se encuentran en este Campo di Castello, que ha permanecido prácticamente inalterado desde que Canaletto lo inmortalizara hacia 1730. Admira su peculiar campanario, uno de los más singulares y característicos de Venecia.

Calle del Mondo Novo • *Vaporetto*: Ospedale, Rialto, San Zaccaria

■ Campo della Bragora

En este campo del barrio de Castello se respira una atmósfera gótica que emana de la iglesia del siglo XV de **San Giovanni in Bragora** (*041 275 0462*) y de los edificios que rodean la plaza. Los bancos bajo los árboles ofrecen un lugar sombreado desde el que admirar la fachada del Palacio Gritti Badoer y el Palacio Soderini en el lado norte. El **Caffè Girani** (*041 721 500, €*), restaurante tradicional veneciano desde 1928, es un asador artesanal.

Campo della Bragora • *Vaporetto:* San Zaccaria

Una barcaza cargada de frutas y verduras descarga mercancías en Campo San Barnaba.

■ Campo San Giacomo dall'Orio

Cerrada por tres lados por la iglesia del mismo nombre (ver págs. 117-118), esta plaza arbolada de Santa Croce atrae a las familias venecianas y a los turistas que buscan tranquilidad, cuyos cafés y bares se llenan al anochecer.

Campo San Giacomo dall'Orio • *Vaporetto*: Riva de Biaisio

■ Campo Santo Stefano

Durante el día, esta plaza del *sestiere* de San Marco está repleta de turistas que visitan los lugares cercanos; por la noche, sus bares y pequeñas tiendas cobran vida. Siéntate en los escalones de la estatua dedicada al escritor italiano Niccolò Tommaseo.

Campo Santo Stefano • *Vaporetto*: San Samuele

■ Campo San Polo

Esta plaza (ver págs. 118-119) es famosa por ser el lugar donde Lorenzino de' Medici fue asesinado por dos sicarios en 1548. Hoy es un espacioso escenario para eventos de Carnaval (ver págs. 126-127).

Salita San Polo • *Vaporetto*: San Tomà, San Silvestro

Las islas

En la laguna que rodea Venecia hay un archipiélago de islas que merecen al menos una visita de un día. Accesibles en *vaporetto* o barco privado, algunas de ellas están habitadas por comunidades incluso más antiguas que la propia ciudad, ya que fueron fundadas por poblaciones que huían de tierra firme tras la caída del Imperio Romano. Una vez independientes de Venecia, muchas se desarrollaron de forma autónoma y siguen manteniendo su propia identidad e incluso un acento distintivo a día de hoy.

Aunque la modernidad ha llegado a estas costas, en las islas exteriores perviven costumbres y tradiciones ancestrales. Murano es famosa por sus maestros vidrieros, Burano por sus encajes tradicionales y Torcello por sus iglesias milenarias adornadas con increíbles mosaicos. Pero la laguna ofrece mucho más que historia: es también un lugar de evasión, donde venecianos y turistas redescubren la naturaleza en barco, bicicleta, en las playas y con otros deportes al aire libre.

◂ En la isla de Murano, el arte de fabricar vidrio se remonta a la Edad Media.

Las islas

Monumentos antiguos y artesanía tradicional son algunos de los tesoros que esperan a los visitantes en las islas que rodean Venecia.

1 Cristalería artística Vivarini (ver pág. 154)**.** Desembarca en la parada del *vaporetto* Colonna y diríjete hacia el oeste a lo largo de la costa para admirar las creaciones de este vanguardista taller de vidrio. Luego regresa al muelle y sigue por Fondamenta dei Vetrai, atravesando la isla y Ponte Longo para tomar Riva Longa y Fondamenta da Mula hasta llegar al museo.

2 Museo del Vidrio (ver págs. 154-155). Visita esta espléndida colección de cristalería preciosa que va desde la antigüedad hasta nuestros días. Al salir del museo, gira a la izquierda y continúa hacia el norte por Fondamenta da Mula, hasta Campo San Donato.

3 Basílica de los Santos Maria e Donato (ver págs. 156-157). Estudia los misteriosos «huesos de dragón» y los mosaicos de esta iglesia del siglo XII, después regresa a Fondamenta da Mula, cruza el puente de Campo Santo Stefano y diríjete al sur hasta la parada de Faro para coger el *vaporetto* a Burano.

LAS ISLAS DISTANCIA: 20,2 KM DURACIÓN: 8-10 H
PARADA DEL: MURANO/COLONNA

Palude della Rosa
Museo de Torcello 7
5 Basílica de Santa Maria Assunta
TORCELLO
Torcello
6
Iglesia de Santa Fosca
Burano
Mazzorbo
MAZZORBO
4 Burano
BURANO
MADONNA DEL MONTE
SAN GIACOMO IN PALUDE
Litorale di S. Erasmo
SANT'ERASMO
PUNTA SABBIONI
LE VIGNOLE
LA CERTOSA
SAN NICOLÒ
Golfo di Venezia
LIDO DI VENEZIA
LIDO
Litorale di Lido

4 Burano
(ver págs. 160-161).
Desembarca en Mazzorbo o Burano, visita el Museo del Encaje, las tiendas de encaje y el resto de la isla antes de tomar otro *vaporetto* hasta el cercano Torcello. Desde el muelle de Torcello, camina por Fondamenta dei Borgognoni, a lo largo del canal, hacia el antiguo campanario.

5 Basílica de Santa Maria Assunta
(ver págs. 157-158). **Famosa por sus mosaicos, esta iglesia es también una de las más antiguas de Venecia. Una vez salgas de la basílica, el siguiente destino está a tiro de piedra.**

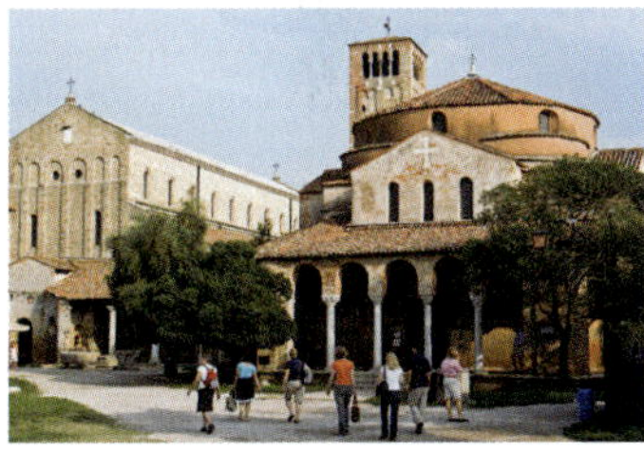

6 Iglesia de Santa Fosca (ver pág. 158).
Casi tan antigua como la Basílica de Santa Maria Assunta, esta iglesia alberga las reliquias de dos santos. Cruza la plaza cubierta de hierba hasta llegar al museo.

7 Museo de Torcello (ver pág. 159).
Ubicado en dos antiguos palacios, esta colección de artesanía de la laguna abarca desde hojas de piedra del Paleolítico hasta pinturas renacentistas.

INFORMACIÓN **TURÍSTICA**

Habitualmente tranquila, la isla de Murano despierta cada año en Navidad con la Natale di Vetro (Navidad de Cristal), que comienza el día de San Nicolás (6 de diciembre) y se prolonga durante todo el mes. Entre los eventos figuran un Túnel de luces hecho con lámparas de cristal de Murano, una Regata entre fábricas con barcas de remo tradicionales y un Festival de comida al horno, con platos cocinados en los hornos de las cristalerías.

Cristalería artística Vivarini

1 La artesanía del vidrio destaca en este taller situado tras una fachada de color rojo Pompeya en el paseo marítimo de Murano. Fundada en 1967, Vetreria Vivarini ofrece un espacio donde los maestros del vidrio locales y los artistas visitantes pueden crear una amplia variedad de objetos de vidrio. Muchas piezas se crean por encargo para una clientela internacional (Paul Newman, John Travolta y Jack Nicolson). A los fabricantes de vidrio se les da total libertad creativa y se les anima a experimentar y a abrir nuevos caminos a la larga tradición del cristal de Murano. Fred Wilson, Yoko Ono, Ben Vautier, Ugo Nespolo y Armand Fernández son algunos de los artistas que han forjado objetos en los hornos Vivarini.

Fundación Serenella 5/6, Murano • 041 736 077 • € • *Vaporetto*: Murano/Colonna • vivarini.es

Museo del Vidrio

2 La historia del vidrio se ilustra en esta completa colección del Museo del Vidrio de Murano. Aunque el centro de interés es la exposición de cristal de Murano más grande del mundo, el museo también cuenta con una extraordinaria variedad de piezas de diferentes lugares y épocas, que abarcan 4000 años de fabricación de vidrio. Organizada en orden cronológico, la colección comienza con artefactos antiguos de Mesopotamia, Grecia y Roma, y continúa hasta la Edad Media y la edad de oro de la fabricación de vidrio veneciano. De particular interés son las obras del maestro vidriero de Murano Angelo Barovier (1405-1460), quien fue el primero en crear el vidrio cristalino o transparente, revolucionando así el arte y la industria del vidrio (ver también págs. 162-163).

También se pueden admirar espléndidas obras del maestro del siglo XVI Vincenzo d'Angelo dal Gallo, decoradas con grabados con punta de diamante que parecen encajes. Otras piezas ilustran las innovaciones de Murano, como el cristal de hielo, la filigrana, la aventurina y la decoración en «lápiz», así como una serie de creaciones inusuales, como candelabros excéntricos y jarrones con formas de animales, populares durante el Renacimiento. El recorrido sigue con el declive del vidrio veneciano hacia finales del siglo XVIII y principios del XIX, superado por el cristal de bohemia. Los fabricantes de vidrio sobrevivieron produciendo en masa objetos de vidrio de uso cotidiano. El resurgimiento del vidrio veneciano a principios del siglo XX queda ilustrado por los cuencos *art nouveau* de Vittorio Toso Borella y los mosaicos de vidrio de Vittorio Zecchin. El nuevo Spazio Conterie, en la planta baja, acoge exposiciones temporales y eventos de forma rotativa.

Fundamenta Giustinian 8, Murano • 041 739 586 • Cerrado 1 de enero y 25 de diciembre • €€€ • *Vaporetto*: Murano Museo • museovetro.visitmuve.it

El Museo del Vidrio de Murano se encuentra en el antiguo Palacio Giustinian.

Basílica de los Santos Maria y Donato

3 La iglesia principal de Murano es más conocida por sus misteriosos restos y su pavimento que por sus estatuas y pinturas. Construido en el siglo XII en el lugar de varias iglesias anteriores, el santuario románico honra a la Virgen María y a Donato d'Arezzo, uno de los primeros santos cristianos, que, según la leyenda, mató a un dragón. Se cree que los cuatro grandes huesos que cuelgan detrás del altar principal son todo lo que queda del feroz reptil, aunque es probable que se trate de fósiles de un gran mamífero del Pleistoceno, quizás un mamut. La característica más llamativa de la iglesia es el suelo de mosaico de mármol y vidrio policromado bizantino de 1140, con sus diseños geométricos y representaciones de animales salvajes. Se pueden reconocer pavos reales, dragones y dos pollos capturados por un zorro. El suelo data del año 1140 aproximadamente, cuando la iglesia fue modernizada hasta adoptar

Gran ábaco con cuentas de cristal de Murano frente a la Basílica de los Santos Maria y Donato.

su forma actual. Destacan también el mosaico de vidrio dorado de la Virgen María que domina el ábside y el sarcófago de piedra que contiene los huesos de San Donato. El exterior de la iglesia es sobrio para los estándares venecianos, una mezcla de ladrillos rojos y azulejos que refleja sus orígenes románicos. La fachada principal, orientada al oeste, se abre a una plaza adoquinada, mientras que la fachada oriental, de forma redondeada, se eleva sobre un canal con sus columnas blancas. El campanario, separado de la iglesia por una estrecha pasarela se eleva hacia el sur.

Campo San Donato 11, Murano • 041 739 056 • € • *Vaporetto*: Murano Museo • sandonatomurano.it

INFORMACIÓN **TURÍSTICA**

Muy cerca de las iglesias medievales de Torcello, Locanda Cipriani (*Piazza Santa Fosca 29, 041 730 150, €€€€*) ofrece platos clásicos italianos, excelentes vinos y un entorno histórico en un lugar que te transporta al pasado. Giuseppe Cipriani ya se había hecho un nombre con el **Harry's Bar** (ver pág. 17) cuando aceptó el reto de abrir una taberna rural en 1934. Pronto el restaurante atrajo a una multitud de personalidades famosas de Venecia, incluido Ernest Hemingway, que escribió *Al otro lado del río y entre los árboles* en una habitación situada encima del restaurante. Otros clientes famosos han sido Winston Churchill, Marc Chagall, Giovanni Versace, Paul Newman y Maria Callas.

Burano

4 (ver págs. 160-161)

Laguna Veneta • *Vaporetto*: Burano, Mazzorbo

Basílica de Santa Maria Assunta

5 Fundada en el año 639, la antigua catedral de Torcello es una sólida construcción de ladrillo rojo, erigida por poblaciones del continente que huían de Atila. Las numerosas reformas que sufrió a lo largo de los años hacen que de aquella primera iglesia del siglo VII solo queden los muros exteriores de la nave y el ábside y los restos del baptisterio en el exterior. Sin embargo, el estilo general, con sus influencias bizantinas y románicas, es lo que caracterizaría la arquitectura veneciana temprana. Tras años de uso como palomar, el campanario del siglo XI ha sido reabierto al público y ofrece espléndidas vistas de Torcello y de las islas cercanas. El interior tiene tres naves, separadas por dieciocho columnas de mármol y apartadas del ábside por un iconostasio

decorado con paneles que representan la flora y la fauna. Pero el motivo principal para visitar esta iglesia, y Torcello, son los mosaicos bizantinos, los primeros de este antiguo arte en toda Venecia. La mayor parte del pavimento está compuesto por dibujos geométricos mientras que, sobre el ábside, destaca una *Madonna Odigitria* rodeadade los Doce Apóstoles, del siglo XI. El esplendor de los mosaicos está en el muro occidental dividido en seis niveles, los dos primeros dedicados a la Crucifixión y Resurrección, y los cuatro siguientes al Juicio Final y la visión dantesca del Infierno y el Paraíso. La iglesia conserva reliquias de San Heliodoro y Santa Cecilia.

Piazza Torcello • €€ • *Vaporetto*: Torcello

DÓNDE **COMER**

■ ACQUASTANCA
Una antigua panadería de Murano convertida en restaurante. El menú incluye pescado fresco y platos de pasta, seguidos de un maravilloso tiramisú casero y otros postres. **Fondamenta Manin 48, Murano, 041 319 5125, €€€**

■ AL CANTON
En un rincón de Campo San Donato, en Murano, este café informal sirve platos de pescado como *spaghetti alle vongole* y calamares a la plancha. **Campo San Donato 20, Murano, 041 527 5186, €€€**

■ RIVA ROSA
Esta *trattoria* familiar de Burano se especializa en *risotto* y *antipasti*. El almuerzo también se sirve en la terraza. **Via San Mauro 296, Burano, 041 730 850, €€€€**

Iglesia de Santa Fosca

6 Comparte la plaza con **Santa Maria Assunta**, y es otra antigua iglesia veneciana, dedicada a Santa Fosca. Construida entre los siglos XI y XII, parece más bizantina que su vecina debido a su planta de cruz griega en lugar de latina, rematada por una cúpula de tejas rojas. En la fachada, verás un hermoso pórtico compuesto por arcos, columnas de piedra blanca y un bajorrelieve con figuras de devotos arrodillados ante Santa Fosca. La santa está enterrada dentro de una vitrina debajo del altar. Fosca, de quince años, fue martirizada junto con su nodriza Santa Maura alrededor del año 250. Cuando su padre descubrió su conversión al cristianismo, las entregó a las autoridades romanas, que las condenaron a muerte. Con el ábside sin adornos y el techo de madera, conserva la auteridad.

Piazza Torcello • €€ • *Vaporetto*: Torcello

Museo de Torcello

7 Hallazgos antiguos de Torcello y de las islas cercanas se exhiben en el pequeño e interesante Museo de Torcello, en el lado opuesto de la Plaza Torcello. La colección se divide en dos secciones. El **Palacio del Archivo**, que alberga la sección arqueológica: hachas de piedra paleolíticas, cerámicas etruscas, esculturas griegas, lámparas de aceite romanas y un tintero en forma de ciervo. Una pared de ladrillos de la que cuelgan varias docenas de estelas conecta el primer edificio con el **Palacio del Consejo**, que abarca el período desde la época paleocristiana hasta todo el siglo XIX. La amplia gama de obras expuestas va desde mosaicos de estilo bizantino hasta pinturas renacentistas. Entre los objetos más notables se encuentran una xilografía policromada del siglo XV que representa el cuerpo de Santa Fosca, recuperado de la **Iglesia de Santa Fosca**, y un retablo de plata dorada del siglo XIII.

Piazza Torcello • 041 730 761 • Cerrado lu. • € • *Vaporetto*: Torcello • museoditorcello. cittametropolitana.ve.it

Este relieve de mármol del siglo XV, que representa a San Bartolomé llevando su propia piel, cuelga en una pared de los jardines del Museo de Torcello.

LAS ISLAS

Burano

Burano es famosa por sus casas de vivos colores, su pescado fresco y los intrincados encajes creados por las buranelle.

Preciosas prendas expuestas en una de las numerosas tiendas de encajes de la isla.

Esta animada ciudad isleña fue fundada en el siglo VI, aunque no prosperó hasta el siglo XVI, cuando la fabricación de encajes se convirtió en el sello distintivo de la isla. La técnica de *punto in aria* de Burano, basada en un meticuloso trabajo con aguja, se hizo popular en toda Europa, y trajo riqueza y fama a la isla. Una leyenda local cuenta que las características casas coloridas provienen de la antigua costumbre de pintar los edificios de colores brillantes para que los pescadores pudieran identificar más fácilmente su isla en la espesa niebla.

■ Museo del Encaje

Ejemplos de este arte se exponen en el Museo del Encaje (*Piazza Baldassare Galuppi 187, 041 730 034, cerrado lu., €€*). Los intrincados bordados en vestidos, chaquetas y ropa interior realizados por encajeras de Burano en la época renacentista y barroca embellecen las habitaciones del Palacio del Podestà, ahora sede de la **Escuela de Encaje**.

■ Tiendas de encajes

En **La Perla Gallery** (*Via San Martino Sinistro 376, 041 730 009*) y los alrededores de Plaza Galuppi se pueden comprar manteles, sábanas y otros artículos bordados a mano, así como raros ejemplos de encajes antiguos.

■ El campanario torcido

Al otro lado de la plaza se alza la **Iglesia de San Martino,** dedicada al patrón de Burano. La iglesia, del siglo XV, alberga una *Crucifixión* de Tiepolo, pero es más conocida por su campanario inclinado, con una pendiente de 1,83 m desde el eje, que se hunde lentamente en el suelo blando de la isla.

INFORMACIÓN **TURÍSTICA**

Uno de los rincones más tranquilos de la laguna veneciana es el **Monasterio de San Francesco del Deserto** (*041 528 6863, cerrado lu., gratis*), en la isla del mismo nombre. Fundado en el siglo XIII, después de que San Francisco de Asís visitara la isla, el monasterio sigue atendido por monjes franciscanos que visten el tradicional hábito marrón. Los visitantes son bienvenidos y se hacen visitas guiadas por los monjes. La empresa **Laguna Fla** (*347 992 2959, lagunaflaline.it*) ofrece un servicio de barco privado a la isla desde Burano.

■ Escenas de postal

La casa pintada de colores vivos más singular es **La Casa di Bepi Suà** (*Via al Gottolo 339*), cubierta de diseños geométricos, que da a uno de los estrechos callejones que se ramifican desde Via Galuppi. Cerca está el pintoresco muelle de pescadores frente a la **Cooperativa San Marco**, donde cada mañana se descarga la pesca del día.

■ Mazzorbo

Un camino conduce a la cercana isla de **Mazzorbo**, salpicada de huertas y viñedos. La isla tiene su propia pequeña **Iglesia de Santa Caterina** (*cerrada de ma. a ju.*) y alberga el cementerio de Burano.

Laguna Veneta • *Vaporetto*: Burano, Mazzorbo

Artesanía

Con su posición estratégica en las rutas comerciales con Oriente, la República de Venecia podía contar con un suministro continuo de materias primas de valor incalculable: seda, metales preciosos y gemas, pigmentos y tintes raros, con los que los artesanos de la ciudad producían artículos de lujo. La artesanía sigue siendo fundamental en la vida veneciana.

Vidrio esmaltado del siglo xv procedente de uno de los talleres de Murano. Página opuesta: grabado que representa la visita del dux a la cristalería.

La perfección del vidrio

El arte del vidrio probablemente comenzó en Venecia en época romana. Los hornos de la ciudad se trasladaron a Murano durante el siglo XIII para reducir el riesgo de incendios en el corazón de Venecia. Gracias a la investigación y la innovación continuas, los fabricantes de vidrio de Murano desarrollaron varias técnicas novedosas. En el siglo XV, Angelo Barovier descubrió un método para crear vidrio puro y sin burbujas. Conocido como cristal, produce un vidrio fino y ligero, ideal para fabricar elegantes copas de vino. En el mismo período apareció también el vidrio llamado *lattimo*: opaco y de color blanco lechoso, imitaba la famosa porcelana importada en aquella época desde China. Inspirados en la cristalería otomana, los artesanos del vidrio de Murano utilizaron esmalte y dorado para decorar las copas. Los cuencos y vasos estaban adornados con filigrana, que consiste en tejer hilos de vidrio lechoso o de vidrio coloreado en una red o retorcerlos en espirales e insertarlos en vidrio puro. Entre las innovaciones del siglo XVII estaba la *avventurina*, en la que se difundían partículas de metal en el vidrio para crear un efecto brillante. Después de un período de declive, la industria del vidrio conoció un resurgimiento a finales del siglo XIX y principios del XX, cuando empresas como Fratelli Toso, Salviati y Venini unieron sus fuerzas con antiguas familias de maestros vidrieros como los Barovier. Entre las nuevas técnicas aparecieron el *sommerso*, efecto producido sumergiendo repetidamente un trozo de vidrio coloreado en un segundo color para obtener un efecto de capas y el *bullicante*, con efecto de burbuja. Hoy en día hay empresas que producen objetos tradicionales –jarrones, cuencos, vasos, espejos, lámparas y figuras– y otras que encargan obras de arte contemporáneas a artistas y diseñadores. La marca Vetro Artistico® Murano distingue el cristal de Murano original de las imitaciones de bajo valor que llenan muchos talleres.

Tradiciones de la isla

Así como Murano es famoso por su cristal, la cercana Burano lo es por sus encajes hechos a mano. La producción de encaje, realizado con aguja e hilo, comenzó en Venecia en el siglo XVI. El punto veneciano grueso, con tejidos acolchados y efecto relieve, y el delicado punto rosa aparecieron en el siglo XVII en escotes y pañuelos. Los primeros diseños eran geométricos pero pronto se añadieron plantas, flores y animales. La puntada muy ligera de Burano se remonta al siglo XVIII. Hacia finales del siglo XVI, el encaje de bolillos empezó a competir con el encaje de aguja. Hoy en día, incluso en Burano, gran parte del encaje que se vende está hecho a máquina, pero aún es posible encontrar encajes hechos a mano y verlos confeccionados por los pocos encajeros que quedan. Incluso una pieza pequeña puede suponer dos meses de trabajo y los precios son elevados.

Trabajos de encaje de bolillos en la isla de Burano.

Terciopelo de seda Fortuny, estampado en plata, siglo XX.

ENCUADERNACIONES **RARAS**

El intercambio entre Oriente y Occidente que recorre gran parte del diseño veneciano también influyó en el arte de la encuadernación. La imprenta se generalizó en Venecia en el siglo XV y los encuadernadores venecianos se hicieron expertos en el oficio otomano de encuadernar libros en cuero y decorarlos manualmente con letras y adornos dorados. En el siglo XVIII, también adoptaron los empastes jaspeados a mano. Hoy solo quedan unos pocos encuadernadores que producen papel impreso a mano y un surtido de cuadernos, agendas y diarios encuadernados en cuero.

Ricas telas

A finales del siglo XV, 2000 telares producían suaves terciopelos, espléndidos damascos y ricos brocados tejidos con hilos de oro y plata. Los primeros diseños eran de origen bizantino, con motivos florales inspirados en el Imperio Otomano. Hoy, la tradición se mantiene viva. Fortuny, fundada en 1919 por el diseñador Mariano Fortuny, inventó una técnica de estampación textil que aplicaba capas de color a mano. Siguen produciendo telas realizadas con esta técnica a partir de los diseños originales de Fortuny. Empresas como Bevilacqua y Rubelli recurren a archivos de motivos tradicionales del Renacimiento. También tejen terciopelos y damascos de seda en telares de los siglos XVII y XVIII. Los tejedores independientes producen tejidos de seda, algodón, lino y lana en telares manuales para la industria de la moda y otros sectores.

El verano en la laguna

La abundancia de islas y canales ofrece la combinación perfecta para divertirse en verano en Venecia. Tanto si prefieres tomar el sol en una playa de arena como dar un saludable paseo en bicicleta, la laguna ofrece muchas formas diferentes de disfrutar del aire libre.

■ Las playas

Entre las islas de **Lido** y **Pellestrina** y la península de **Cavallino**, Venecia tiene unos 35 km de costa con playas de todo tipo, de arena y de guijarros, a lo largo de las brillantes aguas del Adriático. El tramo más famoso y más concurrido es el Lido, que en 1857 se convirtió en uno de los primeros balnearios del mundo y en modelo para muchos otros «lidos» en todo el mundo. Hoy en día, esta reconocida playa ofrece espacios públicos y privados, bordeados de coloridas cabañas, e innumerables oportunidades para practicar ciclismo o caminatas a lo largo del paseo marítimo y entre las dunas de arena del interior.

■ Recorrido en bicicleta por el paseo marítimo

Con una flota de más de 200 bicicletas, **Venice Bike Rental** (*Gran viale Santa Maria Elisabetta 79A, 041 526 1490, €€-€€€, venicebikerental.com*) ofrece una ubicación central entre la parada del *vaporetto* de Lido y la playa principal para alquilar una bicicleta. Al otro lado de la calle se encuentra el paseo marítimo, desde donde se puede emprender un paseo en bicicleta de 10,5 km hasta el pueblo de la laguna de Malamocco y la playa de Alberoni, en el extremo sur del Lido. Con sus dunas de arena de 9 m de altura, el Oasis WWF de las Dunas de Alberoni es un espléndido escenario que alberga un magnífico tramo de playa libre. Luchino Visconti filmó gran parte de *Muerte en Venecia* aquí en 1971. Los ciclistas más ambiciosos pueden tomar el ferri hasta la cercana isla de Pellestrina y afrontar un recorrido de 10,5 km entre Santa Maria del Mare y Ca' Roman, con un breve tramo en el que se tiene el mar a ambos lados.

Marineros en la isla de Lido.

EN *SCOOTER*

Venice Scooter Rental (*Via Perasto 6b, 388 888 8842, €€€€€, noleggioscooterlido.it*), cerca de la parada del *vaporetto* de Lido, tiene distintas formas de alquiler desde una hora hasta una semana. Puedes explorar las islas del Lido y Pellestrina en *scooter*. Sus rutas son similares a las rutas ciclistas, aunque el extremo sur de Pellestrina es demasiado estrecho para estos vehículos. También se pueden alquilar bicicletas, tándems, e-bikes, coches y barcos.

CENAR COMO LAS ESTRELLAS

Sigue los pasos de muchas celebridades y cena en **Adriatico Terrace** (*Lungomare Guglielmo Marconi 41, 041 526 0201, €€€€€, hotelexcelsiorvenezia.com*), un lugar atemporal especializado en cocina mediterránea, con vistas a la costa adriática de la isla de Lido. Ubicado en el **Hotel Excelsior**, de estilo árabe, es un lugar de reunión tradicional de actores, directores y otras celebridades que frecuentan el **Festival de Cine de Venecia** (ver págs. 168-169). Durante los meses

Fans del cine esperan un autógrafo frente al Palacio del Cinema, en el Lido.

más fríos del año, se cena en el interior, bajo brillantes candelabros y altos techos, mientras que en verano la terraza al aire libre cobra vida, con mesas iluminadas con velas y vistas al mar. También popular entre los cinéfilos es **La Tavernetta** (*Via Francesco Morosini 4, 041 526 1417, €€€€, latavernettalido.com*), donde el menú combina platos de pescado venecianos y platos de carne toscana, con una selección de más de 200 vinos. El ambiente es acogedor y está decorado con fotografías de las leyendas del cine que han cenado allí.

■ Claqueta, rodamos

Fundado en 1932, el **Festival de Cine de Venecia** es uno de los acontecimientos cinematográficos más importantes del mundo, que se celebra anualmente en Lido a finales del verano. El festival, que dura once días, comienza a finales de agosto y termina el segundo fin de semana de septiembre. La sede principal es el **Palacio del Cinema** (*Lungomare Guglielmo Marconi, 041 521 8711*), cerca del extremo sur de la playa. El palacio, de estilo *art déco*, alberga dos pequeñas salas de cine (Zorzi, con

48 localidades, y Pasinetti, con 119), y la Sala Grande, donde tienen lugar las proyecciones principales del festival y las ceremonias de entrega de premios, con capacidad para 1036 espectadores. En tono de broma, Federico Fellini dijo que «entrar en el Palacio del Cinema en el Festival de Venecia era como aprobar un examen final».

■ Aprender a remar

Desde hace más de dos mil años, los lugareños cruzan la laguna en barcas con remos, ¿por qué no intentarlo? **Row Venice** (*347 725 0637, €€€€€, rowvenice.org*)ofrece lecciones de remo veneciano, la técnica tradicional de pie, con un solo remo, mirando hacia adelante como los gondoleros. Dirigida por mujeres, esta organización sin ánimo de lucro se dedica a la preservación y promoción de la cultura acuática veneciana, especialmente en el contexto competitivo de las regatas femeninas. Las clases tienen una duración de 80 min y se imparten tanto en canales como en la laguna abierta, con una *batela* tradicional de madera.
Los niños son bienvenidos y las clases están disponibles en cinco idiomas. Entre las propuestas se encuentran la **Velada Nocturna de Remo** y el **Cicchetto Row**.

■ Kayak en la laguna

El laberinto de canales que rodea Venecia es ideal para una experiencia en kayak que combina la belleza histórica de la ciudad con los espacios abiertos de la gran laguna adriática. Desde su base en Cannaregio, **Venice Kayak** (*041 523 6720, €€€€€, venicekayak.com*) ofrece una excursión de 150 min por los canales y la laguna con un guía local experto. Para los más románticos, se ofrece una excursión de 150 min para descubrir la belleza de Venecia al atardecer con un guía local.
La empresa también ofrece recorridos para particulares o grupos y recorridos personalizados para eventos especiales. Todos los guías son multilingües.

INFORMACIÓN **TURÍSTICA**

Tierra & Agua (*340 664 9480, €€€€€, terraeacqua.com*) organiza excursiones en barco de un día con dos itinerarios (Laguna Norte o Sur). El tradicional *bragozzo* de madera tiene capacidad para grupos (de nueve a doce personas). Tendrás la oportunidad de conocer a los pescadores locales, visitar un antiguo monasterio en la isla de San Lazzaro degli Armeni o el oasis del WWF «Dune degli Alberoni», y comprar verduras de temporada en la isla de Sant'Erasmo, pero sobre todo conocerás la belleza de este hábitat natural. No te pierdas la excursión nocturna de 2 h por las islas de Vignole, Certosa y San Giorgio mientras esperas la puesta de sol.

G.S VOGA RIV. DEL BRENTA
G.S VOGA RIV. DEL BRENTA

TERCERA PARTE

Consejos de viaje

PLANIFICAR EL VIAJE

Entre abril y julio, el Ayuntamiento de Venecia ha introducido una tasa de acceso (10 € al día) para regular los flujos turísticos en el centro histórico (toda la información y actualizaciones, visita *cda.ve.it*).

Cuándo ir

Venecia es bella todo el año y hay ventajas tanto en los períodos más turísticos como en los menos frecuentados. En los **meses de invierno,** una niebla mágica desciende sobre la ciudad y la envuelve en un aura romántica. En esta época del año también es más probable ver el fenómeno *acqua alta,* cuando la laguna sube debido a las mareas del mar Adriático, que inundan partes de la ciudad. El invierno tiene la ventaja de atraer menos turistas, lo que permite a los visitantes explorar la ciudad más fácilmente que en verano. Se celebra una fiesta importante: la **Fiesta de la Madonna della Salute** (*21 de noviembre*).
Las desventajas de visitar Venecia en los meses de invierno son que ciertos museos tienen horarios reducidos y algunas tiendas cierran completamente en **enero / febrero** y vuelven a abrir para el **Carnaval**, uno de los acontecimientos más importantes de Venecia *(entre febrero y marzo, los diez días que preceden al comienzo de la Cuaresma*).

La temporada en la que todo está definitivamente abierto es de **abril a octubre**, con la excepción de **agosto**, cuando muchos venecianos se van de vacaciones. Una ventaja de los meses de verano es que se puede comer y beber al aire libre, disfrutando de las numerosas oportunidades de cenar junto a la laguna, a orillas de los serpenteantes canales o en uno de los muchos *campi* (plazas) de los que está salpicada la ciudad. También puedes visitar el **Lido** y alquilar una bicicleta en **Venice Bike Rental** *(Granviale Santa Maria Elisabetta 79A, 041 526 1490, €-€€, venicebikerental.com*).
Cada año, en **junio**, se inaugura la **Bienal de Venecia**, alternando un año con Arte y otro con Arquitectura. **Art Night Venezia** (*junio*) celebra una velada cultural, durante la cual un centenar de museos y galerías de arte permanecen abiertos hasta medianoche y hay numerosos espectáculos en vivo y eventos artísticos y musicales.
En **julio**, los visitantes pueden asistir a varios eventos, como la **Fiesta del Redentore** y la **Fiesta de San Giacomo dall'Orio**, y en **septiembre** se celebran **El Festival Internacional de Cine** y la **Regata Histórica**.

Clima

El clima en Venecia es bastante suave pero las temperaturas pueden variar considerablemente. ¡Consulta el pronóstico durante la semana anterior a tu estancia y notarás que el tiempo previsto puede cambiar hasta diez veces antes de tu llegada!
Los inviernos son fríos, aunque las temperaturas rara vez bajan de los 0 °C. Algunas noches llegan a alcanzar los -3 °C pero son una excepción y la mayoría del tiempo la temperatura fluctúa entre 0 y 10 °C. Las nevadas son raras, solo unas pocas gotas de polvo que desaparecen casi tan rápido como caen.
Noviembre puede ser el mes más gris, ya que suele ser el más lluvioso. Las lluvias aumentan la probabilidad de que el agua suba y la ciudad parece más sombría que en cualquier otra estación, sobre todo si hay humedad o niebla, que aumentan la percepción del frío.
Diciembre y **enero** pueden ser fríos, pero el cielo suele ser azul y claro, mientras que en **febrero** es posible que vuelva a haber aguas altas.
De **febrero** a **marzo** las temperaturas generalmente oscilan entre un mínimo de 5 °C y un máximo de 14 °C.
En **abril,** las temperaturas alcanzan los 15,5 °C o más, y los cielos suelen estar despejados. **Mayo** y **junio** son meses hermosos, este último con máximas de 29,5 °C en los últimos años.
Julio y **agosto** son los meses más calurosos, con temperaturas que oscilan entre 26,5 y 33 °C. Estos meses también pueden ser

muy húmedos y bochornosos, sobre todo dentro de la ciudad, por lo que muchos venecianos aprovechan el cercano Lido y alquilan una cabaña para la temporada.
Septiembre es un mes muy agradable, cálido pero sin la pegajosa humedad del pleno verano, y los días soleados se prolongan hasta principios de **octubre**.
Para disfrutar de un clima ideal para hacer turismo, es aconsejable planificar el viaje en **mayo** o **septiembre**. Estos meses no son ni demasiado calurosos ni demasiado húmedos o fríos y suele haber menos precipitaciones.

Qué llevar

Venecia depende del turismo y, como en todas las ciudades europeas, aquí podrás encontrar todo lo que necesites.
Si existe la posibilidad de que el agua suba durante tu visita, necesitarás botas de agua, un paraguas y chaquetas impermeables, artículos que también se pueden encontrar en la zona para no sobrecargar tu equipaje.
Las crecidas han disminuido considerablemente desde que en 2020 entró en funcionamiento el Mose, que separa temporalmente la laguna del mar.
Hay muchas farmacias, pero si necesitas medicamentos que no requieran receta, lleva contigo tu receta médica y tu tarjeta sanitaria.

Documentos

Si te alojas en un hotel, tendrás que entregar tu documentación, y el propio hotel se encargará de facilitársela a la policía.
La documentación se devuelve. Esta operación es necesaria incluso para una sola noche en un hotel.

Robos y pérdidas

En caso de robo es necesario presentar denuncia ante la Policía Estatal; La Jefatura de Policía se encuentra en Santa Croce, 500 (*telf. 041 271 5586, abierto de 07:00 a 13:00 h de lu. a vi. y de 13:30 a 16:30 h ma. y ju., cerrado sá., do. y vacaciones*).

Libros sobre Venecia

Hay muchos libros que te ayudarán a captar la atmósfera y la esencia de Venecia.

Narrativa

- *La muerte en Venecia*, Thomas Mann
- *Los papeles de Aspern*, Henry James
- *El placer del viajero*, Ian McEwan
- *No mires ahora*, Daphne du Maurier
- *Un amor veneciano*, Andrea di Robilant
- *El impresor de Venecia*, Javier Azpeitia
- *Historia de mi vida*, Giacomo Casanova

Novela gráfica

- *Fábula de Venecia* y *El ángel de la ventana oriental*, Hugo Pratt

No ficción

- *Historia de Venecia,* Julius Norwich
- *Cartas desde Venecia,* Henry Jamesi
- *Venecia,* Jan Morris
- *Marca de agua*, Joseph Brodsky
- *Las piedras de Venecia,* John Ruskin

CÓMO LLEGAR

En avión

Venecia tiene dos aeropuertos: **Marco Polo**, la terminal principal, y **Treviso**, donde tiene su base Ryanair. El aeropuerto Marco Polo se encuentra a 12 km y 25 min en autobús del centro de la ciudad y los billetes se pueden comprar en el punto de venta **Venezia Unica**, en máquinas automáticas de billetes del aeropuerto o en la página web *veneziaunica.it*.
El **AeroBus n.°5** (*10 € por trayecto*) te lleva directamente a Piazzale Roma. Desde allí se puede tomar un *vaporetto*. Como alternativa, unos 10 min hacia el paseo marítimo (a la izquierda al salir del aeropuerto), se puede llegar a la terminal **de Alilaguna** (*041 240 1701, desde 15 € por trayecto, alilaguna.it y veneziaunica.it*); la red de navegación ofrece cinco líneas que conectan el aeropuerto con el centro de la ciudad, el Lido y Murano. Para llegar al centro también hay **taxis acuáticos**, con tarifas en torno a *120 €*, y taxis terrestres hasta Piazzale

Roma (*aproximadamente 40 €*). Para llegar a Venecia desde el aeropuerto de Treviso se puede comprar un billete de **Atvo Bus** (*12 € por trayecto, atvo.it*), frente al aeropuerto. El trayecto dura 1 h.

En tren
Venecia está conectada por ferrocarril desde 1860. La estación central, **Venezia Santa Lucia** (*grandistazioni.it*), domina el Gran Canal, justo detrás de la estación de *vaporetto* Ferrovia. Los trenes conectan Venecia con las principales ciudades italianas y muchas europeas, como París, Viena y Múnich. La estación de Venezia Mestre (*Viale Stazione*), en tierra firme, está conectada con Venezia Santa Lucía por el Puente de la Libertà, al que se llega en 15 min.

En coche y moto
En coche se llega a Piazzale Roma y no se puede continuar porque Venecia está cerrada al tráfico rodado. **Garage San Marco** (*Piazzale Roma 467/F, 041 523 2213, garagesanmarco.it*) dispone de 900 plazas y una tarifa fija por 24 h de 45 € para coches y 20 € para motos. Como alternativa, puedes aparcar en Tronchetto, en la parte oeste de la ciudad, donde el **Parking Tronchetto** (*Isola Nuova del Tronchetto, 041 520 7555, interparkingitalia.it*), siempre el más barato de Venecia, dispone de alrededor de 4000 plazas cubiertas, con una tarifa de 27 € por 24 h. Numerosos medios de transporte conectan Tronchetto con el centro de Venecia.

En autobús
FlixBus (*02 947 59208, flixbus.it*) opera desde las principales ciudades italianas y europeas a Venecia. **Baltour** (*baltourbus.it*) en cooperación con FlixBus.

CÓMO MOVERSE

Transporte público
En Venecia, la principal red de transporte público es la acuática, con *vaporetto*, lanchas o barcos a motor, gestionados por **ACTV** (*actv.avmspa.it*). El medio de transporte más común es el ***vaporetto***, un barco de fondo plano que opera varias líneas a lo largo del Gran Canal y sus alrededores. Descarga la aplicación Chebateo o visita la página web *chebateo.it*: introduce las paradas de salida y llegada y tendrás el horario del *vaporetto* ideal para ti. Las **lanchas motoras**, más esbeltas y mejor protegidas, circulan fuera de las tranquilas aguas del Gran Canal, del Canal de la Giudecca y de la dársena de San Marco. Los servicios a las islas de Murano, Burano, Torcello y Lido se realizan mediante **barcos a motor**. Las rutas pueden variar y algunas son estacionales. Para tener una guía actualizada, es recomendable descargar un mapa imprimible de la web de ACTV antes de partir. En la ciudad también verás paradas marcadas con la palabra *traghetto*, desde donde podrás cruzar el canal en una versión más grande de una góndola, *barchèta* o *batela*, guiada por dos gondoleros. El servicio está activo todos los días, con variaciones horarias según la parada (*2 €, abonados directamente al gondolero*).

Billetes
En la mayoría de las principales paradas de *vaporetto* (Rialto, San Marco-Vallaresso y San Zaccaria, por ejemplo) hay taquillas **de ACTV**; las más pequeñas están equipadas con máquinas expendedoras de billetes automáticas. El precio (*9,50 € por trayecto, válido durante 75 min*) no varía, independientemente del barco. Los billetes deben validarse en las máquinas correspondientes antes de viajar. Existen tarjetas turísticas válidas para uno, dos, tres o siete días (*25 €, 35 €, 45 €, 65 € respectivamente*), que te permiten subir y bajar cuando quieras. Es posible combinar las tarjetas de transporte con pases adicionales que incluyen la entrada gratuita a los museos e iglesias del circuito Chorus.

Taxis acuáticos
El **Consorzio Motoscafi Venezia** (*041 240 6712 o 041 522 2303, motoscafivenezia.com*) gestiona un servicio de taxis

acuáticos. Un taxi desde el aeropuerto hasta el hotel tiene un coste estándar de 140 € para un máximo de cuatro pasajeros, con un recargo de 10 € por cada persona adicional. Se puede reservar online o en el hotel.

Góndolas
La forma más romántica de viajar es en góndola. Las estaciones se encuentran en **Bacino Orseolo** (ver pág. 60) y en el Gran Canal en **Rialto**. A veces también encontrarás uno o dos gondoleros sentados junto a un puente en las plazas más grandes. Las tarifas vigentes aprobadas por el Ayuntamiento de Venecia son de 90 € por 30 min, para un máximo de cinco personas; la tarifa nocturna es de 110 € por 35 min.

Bicicletas y patinetes
AVM ofrece una serie de opciones, alquiler de bicicletas y el Bici Park de Venecia y Mestre, que van desde el servicio de aparcabicis al de motos dentro del municipio de Venecia. El servicio de bicicletas compartidas está confiado al operador Movi by Mobike (*ridemovi.com*). Para motos eléctricas, visita la página web del operador BiT Mobility (*bitmobility.it*).

A pie
Aunque Venecia es muy pequeña, es posible perderse durante horas, pero hay un cierto encanto en seguir los estrechos y sinuosos puentes y calles. Tómate tu tiempo para explorar y ver a dónde te lleva el siguiente giro: a menudo, se abren inesperadamente ante la vista pequeñas y bonitas plazuelas. Si tienes que llegar a un sitio y no dispones de mucho tiempo, asegúrate de llevar contigo un buen mapa. Pregunta en la recepción del hotel, muchos te los proporcionan de forma gratuita.
Caminar de un extremo a otro de Venecia lleva poco más de una hora a un ritmo tranquilo. Hay un sistema de señalización para ayudarte a orientarte en las principales zonas de la ciudad, por ejemplo, la estación de tren, Plaza San Marco, Rialto y Piazzale Roma.

CONSEJOS PRÁCTICOS

Días festivos
1 y 6 de enero, Pascua, lunes del Ángel, 25 de abril, 1 de mayo, 2 de junio, 15 de agosto, 1 de noviembre, 8, 25 y 26 de diciembre.

Hora de apertura
En Venecia, los **museos** están abiertos los días festivos, con excepción del 1 de enero y 25 de diciembre. Ten en cuenta que las taquillas cierran unos 30-45 min antes de la hora indicada.
Los **bancos** cierran el 1 y 6 de enero, Pascua y el lunes del Ángel, 25 de abril, 1 de mayo, 2 de junio, 15 de agosto, 1 de noviembre, 8, 25 y 26 de diciembre. La mayor parte de ellos se concentran en la zona occidental de la Plaza San Marco. El horario de apertura suele ser de lu. a vi. de 08:30 a 13:30 h y de 14:30 a 16:30 h.
Las tiendas en Venecia suelen abrir de 09:00 a 19:30 h, pero algunas abren a las 08:00 o 10:00 h y cierran a las 20:00 o 21:00 h. Los grandes almacenes y cadenas, las tiendas de telefonía móvil y las tiendas para turistas abren todo el día, mientras que algunas tiendas más pequeñas y farmacias cierran de 12:30 a 15:30 h.

Oficinas de correos
En Venecia hay cinco oficinas de correos. Abren de lu. a vi. de 08:20 a 19:05 h y sá. de 09:00 a 12:35 h. Las principales se encuentran en:
- **San Marco** (*Calle de le Acque 5016, 041 240 4149*)
- **Mestre** (*Piazzale Donatori Di Sangue 4, 041 238 4611*)
- **Marghera** (*Via Nicolo' Tommaseo 1, 041 509 8911*)

Lugares de culto
Venecia cuenta con numerosas **iglesias católicas** por toda la ciudad; los horarios de los oficios varían de una a otra y se anuncian en la puerta principal.
La **iglesia anglicana de San Giorgio** (*Campo San Vio, Dorsoduro*) celebra misa los do. a las 10:30 h en inglés. Venecia también cuenta con una comunidad judía muy activa en el barrio de

Cannaregio, donde hay cinco **sinagogas** principales. Para más detalles sobre las celebraciones y reuniones de la comunidad, consulta *jewishvenice.org*.

Pases para museos

En los últimos años, Venecia ha introducido el city pass **Venezia Unica** (*veneziaunica.it*), que permite acceder a la oferta cultural y turística con una única herramienta, personalizando las elecciones *online*. La ventaja es que también puedes incluir otros servicios: además de las principales atracciones de la ciudad, puedes añadir transporte público, acceso WiFi, aseos y otros servicios. Si reservas *online* con un mes de antelación podrás disfrutar de algunos descuentos.

Si solo estás interesado en los principales museos, el **Museum Pass** (*40€*) es una opción cómoda y da acceso a las siguientes visitas: **Palacio Ducal** (ver págs. 66-67); **Museo Correr** (ver pág. 60); **Museo Arqueológico Nacional** (*Piazza San Marco 17, 041 299 7602, archeologicovenezia.cultura.gov.it*); **Biblioteca Nacional Marciana** (ver pág. 60); **Ca' Rezzonico** (ver pág. 138); **Palacio Mocenigo** (ver pág. 117); **Casa de Carlo Goldoni** (*San Polo 2794, 041 275 9325, cerrado mi., carlogoldoni.visitmuve.it*); **Ca' Pesaro** (ver págs. 116-117); **Museo del Vidrio** (Murano, ver págs. 154-155); **Museo del Encaje** (Burano, ver pág. 161); **Fondaco dei Turchi** (Museo de Historia Natural, ver pág. 49); **Museo Fortuny** (*San Marco 3958, 041 520 0995, cerrado ma., fortuny.visitmuve.it*).

La entrada a la mayoría de las iglesias de Venecia cuesta 3,50€. Comprando el **Chorus Pass** (*14€, 041 275 0462, chorusvenezia.org*) tienes entrada gratuita a dieciocho iglesias de toda la ciudad, además del Museo y la Cripta de San Zaccaria. El pase se puede comprar con antelación *online* (*veneziaunica.it*) o en una de las iglesias del circuito: iglesia de Santa Maria del Giglio; Iglesia de Santo Stefano; Iglesia de Santa Maria Formosa; Iglesia de Santa Maria dei Miracoli; Iglesia de San Giovanni Elemosinario; **Iglesia de San Polo** (ver pág. 119); **Iglesia de San Giacomo dall'Orio** (ver pág. 118); Iglesia de San Stae; Iglesia de Sant'Alvise, Basílica de San Pietro di Castello; **Iglesia del Santissimo Redentore** (ver pág. 135); **Iglesia de Santa Maria del Rosario** (Gesuati, ver pág. 137); Iglesia de San Sebastiano; Iglesia de San Giobbe; Iglesia de Santa Maria del Carmelo (Carmini); Iglesia de San Giovanni Battista en Bragora; Iglesia de San Giuseppe di Castello e **Iglesia de San Trovaso** (ver pág. 88).

Baños

En todo el municipio de Venecia hay 336 aseos públicos, con horarios variables. Entre ellos, **Piazzale Roma** (de 08:00 a 20:00 h); **Rialto** (de 09:30 a 19:30 h) y **San Marco - Giardini Reali** (de 09:30 a 19:00 h). Puedes descargar el mapa actualizado en *comune.venezia.it/en/content/igiene-urbana*, o buscar el aseo más cercano haciendo clic en *wctoilettevenezia.com*. El coste es de 1,50€. También puedes utilizar los servicios de bares y cafeterías, preferiblemente después de hacer una pequeña compra.

Seguridad

Venecia es una ciudad muy segura, incluso de noche. Durante el día, los carteristas son habituales en zonas turísticas concurridas, así que ten cuidado con tus pertenencias si te encuentras entre multitudes, en un *vaporetto* o cerca de San Marco y Rialto. Los carteristas atacan fácilmente a las multitudes de turistas distraídos por los monumentos u ocupados haciendo fotografías.

En los últimos años, durante los meses de verano, se ha producido un aumento de robos en viviendas situadas en planta baja y primera. Si alquilas un apartamento en la planta baja, asegúrate de que las ventanas y persianas estén bien cerradas cuando salgas y por la noche.

Teléfonos

Hoy en día la mayoría de la gente viaja con un teléfono

móvil, pero todavía existen varios teléfonos públicos repartidos por la ciudad, solo funcionan con monedas.

Propinas
En general, los restaurantes incluyen un cargo por servicio, por lo que no se esperan propinas. Por supuesto, si estás especialmente satisfecho con el servicio, puedes dejar una propina.

Viajeros con discapacidad
Aunque las instalaciones han mejorado en los últimos años, Venecia sigue siendo una ciudad difícil para recorrer en silla de ruedas. La mayoría de los puentes no tienen rampas, mientras que el lado sur sí las tiene con pasarelas especiales en Fondamenta delle Zattere, Plaza San Marco y la Bienal. La mejor manera de moverse en silla de ruedas sigue siendo el *vaporetto*. El personal de ACTV está preparado para ayudar a los pasajeros discapacitados a subir y bajar de los barcos. Se puede llegar al 70% de la ciudad en *vaporetto*. Puedes encontrar un mapa detallado en la web del **Comune di Venecia** (*comune.venezia.it*), y en el portal **Città di Venezia** (*veneziaunica.it*) hay mucha información útil. Otros sitios útiles son **AccessiblEurope** (*accessibleurope.com*) y **Disabili.com** (*disabili.com*).

Información turística
En Venecia y sus alrededores hay seis oficinas de Información Turística (*para información sobre horarios, recorridos e itinerarios, llamar al call center Hellovenezia 041 24 24, veneziaunica.it*) Las oficinas principales son:

- **Aeropuerto Marco Polo**
- **San Marco** (*71/f, San Marco*)
- **Piazzale Roma** (*tienda junto a Agenzia Venezia Unica, 041 272 2283*)
- **Estación de Venezia Santa Lucia** (*frente al embarque Actv A-B*).

EMERGENCIAS

Números de teléfono de emergencia
Número único, tel. 112
Policía, tel. 113
Bomberos, tel. 115
Ambulancia/asistencia médica de urgencia, tel. 118

Primeros auxilios
Hay un Punto de Primeros Auxilios en **San Marco** (*Piazza San Marco 63/65, Procuratie Nuove*) y otro en **Piazzale Roma** (*Santa Croce 496, Piazzale Roma*), a los que se puede acceder sin reserva todos los días de 08:00 a 20:00 h. Consulta *healthvenice.com* para más información. Si necesitas un médico fuera de horario, ponte en contacto con el médico de guardia todos los días de 20:00 a 08:00 h:

- **Centro Histórico de Venecia** (*041 529 4060*)
- **Mestre Sur, Marghera y Mestre Norte** (*041 965 7999*).

Farmacias
La mayoría de las farmacias tienen un horario de 08:30 a 12:30 h y de 15:30 a 19:30 h (de lu. a vi.) y de 08:30 a 12:30 h (sá.). Los do. suelen estar cerradas, aunque existe un sistema rotatorio nocturno que garantiza siempre una farmacia de guardia (*farmacistivenezia.it*).

Hospital
El hospital se encuentra en el *sestiere* de Castello: **Ospedale SS. Giovanni e Paolo** (*Fondamenta Nuove, Castello 6777, 041 529 4111*).

Objetos perdidos
Para encontrar objetos perdidos en la ciudad de Venecia o en los vehículos de ACTV, el Ayuntamiento ha creado una plataforma *online* en la siguiente dirección: *comune-venezia.findmylost.it*. En el mismo sitio también es posible registrar los objetos encontrados.
Otras oficinas útiles:

- **Comisaría de Policía Municipal** (*Piazzale Roma, 041 522 4576*)
- **ACTV - Objetos perdidos (unidades navales, autobuses, tranvías, transportes de personas, paradas y embarcaderos)** (*Via Martiri della Libertà 396, Mestre, actv.avmspa.it*)
- **Aeropuerto - Objetos perdidos** (*Sala de llegadas, planta baja, 041 260 9260, veneziaairport.it*)
- **Estación de Venezia Santa Lucia** (*Stazione Ferroviaria Santa Lucia*)

HOTELES

Venecia está muy orientada al turismo y ofrece alojamiento para todas las necesidades y presupuestos. Quienes buscan las comodidades de un hotel pueden elegir desde lujosos palacios que muestran la opulencia del siglo XVIII hasta hoteles contemporáneos igualmente cómodos. Con el auge de Airbnb, también hay miles de apartamentos en alquiler, que ofrecen mayor flexibilidad y una estancia generalmente más barata.

Venecia cuenta con cientos de hoteles y es aconsejable examinar las distintas ofertas antes de elegir. A la hora de elegir una zona de la ciudad, ten en cuenta tus intereses y necesidades, así como la temporada. En determinadas épocas del año, durante el Carnaval o la Bienal de Venecia, por ejemplo, hay mucha demanda. Conviene reservar con bastante antelación para evitar costes excesivos o decepciones.

Antes de reservar, asegúrate de comprobar cuidadosamente la dirección. Algunos hoteles dicen que están en Venecia, cuando en realidad están en Mestre. Aunque alojarse en Mestre puede tener sus ventajas (los precios son más bajos y hay conexiones frecuentes de autobús y tren), puede resultar desagradable reservar allí por error.

Si ves la palabra «Via» en la dirección, significa que está en Mestre.

Quienes decidan alojarse en Venecia la encontrarán muy tranquila, sin ruido de tráfico, aunque las habitaciones con vistas a los canales pueden ser ruidosas a primera hora de la mañana, con barcazas entregando mercancías, barcos recogiendo basura y carros yendo y viniendo.

Las habitaciones con vistas a los *campi* pueden ser ruidosas por la noche, aunque los bares y restaurantes tienen asientos al aire libre. Generalmente todos los bares cierran alrededor de las 23:30 a 00:00 h, con excepción de Campo Santa Margherita, donde algunos bares permanecen abiertos hasta las 02:00 h.

Las tarifas de los hoteles incluyen IVA, servicio, Wi-Fi y desayuno. Muchas páginas web ofrecen ofertas, por lo que pueden ser un buen punto de partida. Si piensas quedarte más de una semana, puede valer la pena alquilar un piso: hay muchos en alquiler en las agencias de viajes. Si te planteas una visita más larga, durante los meses de verano, una buena opción es instalarse en el Lido, donde hay playas y una animada vida nocturna. Desde allí se puede llegar a los lugares a visitar con un corto paseo en barco.

Organización

Los hoteles que figuran en estas páginas se han agrupado en primer lugar por distritos, desde San Marco hasta las islas, y a continuación se han ordenado alfabéticamente por rango de precios.

Rango de precios

El precio se refiere a una habitación doble en temporada alta. El rango se clasifica según el número de euros:

€€€€€	Más de 320 €
€€€€	250 - 320 €
€€€	175 -250 €
€€	85 - 175 €
€	Inferior a 85 €

Leyenda de símbolos

n.º de habitaciones *Vaporetto* *Ascensor* *Discapacitados* *Aire acondicionado* *Wi-Fi* *No fumadores* *Piscina al aire libre* *Gimnasio y bienestar* *Tarjetas de crédito*

SAN MARCO

Con la mayor concentración de hoteles y alojamientos exclusivos, San Marco es el *sestiere* de lujo por excelencia. Hay muchos restaurantes y *boutiques* en esta zona, así como algunas de las principales atracciones de la ciudad. Estarás cerca del **Palacio Ducal** (ver págs. 66-67), de la **Basílica de San Marco** (ver págs. 64-65) y de la suntuosa **Plaza San Marco** (ver págs. 58-59).

La zona puede estar concurrida, pero si no te molestan las multitudes, este es el lugar para ti. La ubicación es excelente para moverse en barco.

■ **BAGLIONI HOTEL LUNA**
€€€€€
SAN MARCO 1243
TELF. 041 528 9840
baglionihotels.com
El Baglioni Hotel Luna goza de una fantástica ubicación justo al lado de la Plaza San Marco. Amueblado con hermosos muebles venecianos, tiene una encantadora terraza en la azotea y es famoso por la calidad de su servicio y la satisfacción de sus clientes.
68, más 36 suites
San Marco
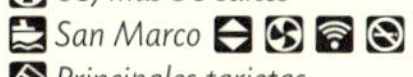
Principales tarjetas

■ **CORTE DI GABRIELA**
€€€€€
CALLE DEGLI AVVOCATI 3836
TELF. 041 523 5077
cortedigabriela.com
Este lujoso hotel goza de una ubicación céntrica pero tranquila, elegantes habitaciones de estilo moderno, personal amable y excelentes desayunos. También dispone de un pequeño jardín interior. La filosofía del hotel es proporcionar el entorno romántico perfecto para parejas; por consiguiente, no se aceptan niños menores de dieciséis años, a menos que se reserve una *suite*. Estas se encuentran en un edificio separado, a solo tres minutos a pie.
11, más 3 suites
Sant'Angelo
Principales tarjetas

■ **PALAZZINA GRASSI**
€€€€€
RAMO GRASSI 3247
TELF. 041 528 4644
palazzinagrassi.com
El Palazzina dispone de varios tipos de habitaciones y *suites*, todas de cinco estrellas con gran lujo, amuebladas en un estilo moderno por Philippe Starck. Algunas habitaciones tienen vistas al Gran Canal. Un bar y un restaurante legendarios contribuyen a la experiencia exclusiva de una estancia en este hotel.
25, incluidas 5 suites
San Samuele
Principales tarjetas

■ **PALAZZO BAROCCI**
€€€€€
CORTE DELL'ALBERO 3878/A
TELF. 041 296 0650
palazzobarocci.com
Este confortable hotel, construido en 1890, fue en su día un teatro en el que actuaban regularmente Vivaldi y Goldoni. Las habitaciones, algunas con vistas al Gran Canal, son de diseño y las *junior suites* tienen una bañera en medio del dormitorio. Entre las características especiales del hotel, el hermoso jardín es el lugar ideal para relajarse después de un largo día por la ciudad.
59, incuidas suites
Sant'Angelo
Principales tarjetas

■ **SPLENDID VENICE**
€€€€€
SAN MARCO MERCERIA 760
TELF. 041 520 0755
baueril palazzohotel-venice.com
Un encantador hotel de lujo cuya elegancia está a la altura de su ciudad anfitriona. A tiro de piedra de lugares mundialmente famosos, está situado en una zona tranquila y céntrica y cuenta con su propio embarcadero privado, la «puerta del agua» con vistas al Rio dei Baretteri. Desde la hermosa terraza del Altana se puede disfrutar de unas vistas únicas, mientras se saborea un buen cóctel y muchas cosas más.
165 *San Marco*
Principales tarjetas

■ **THE GRITTI PALACE**
€€€€€
CAMPO SANTA MARIA DEL GIGLIO 2467
TELF. 041 794 611
thegrittipalace.com
Antaño residencia de una de las familias de mercaderes más importantes de Venecia, el Gritti Palace sigue siendo uno de los mejores hoteles de la ciudad. Las habitaciones son espaciosas y todas tienen el característico mobiliario veneciano. A Ernest Hemingway le encantaba alojarse aquí. La terraza ofrece una espléndida vista de la Iglesia de Santa Maria della Salute y del Gran Canal.
82, más 21 suites
Santa Maria del Giglio
Principales tarjetas

■ **HOTEL FLORA**
€€€€-€€€€€
SAN MARCO 2283/A
TELF. 041 520 5844
hotelflora.it

Situado en un lugar protegido al final de un estrecho callejón, no lejos de una animada calle, el Flora es un acogedor hotel con muebles de época y lámparas de Murano. Tiene un precioso salón de té y un jardín con un encanto irresistible en verano.
40 *Santa Maria del Giglio*
Principales tarjetas

■ RESIDENCE CORTE GRIMANI

€€€€-€€€€€

CORTE GRIMANI 4402

TELF. 041 476 9696

cortegrimani.com

Esta residencia ofrece pisos elegantes y céntricos en un palacio del siglo XVII. Limpios, espaciosos y equipados con lavadora, nevera y caja fuerte, son una opción ideal para familias y grupos. El personal de recepción es muy atento y aquí podrás sentirte realmente como en casa en Venecia.
15 apartamentos *Rialto*
Principales tarjetas

CASTELLO

El *setiere* de Castello ofrece una ubicación conveniente, cerca de San Marco y de las principales atracciones de la ciudad, pero también lejos de las multitudes. Entre los lugares de interés del barrio destaca la **Escuela Grande de San Marco** (ver págs. 78-79). Los hoteles del paseo marítimo de San Zaccaria son una buena elección para quienes deseen disfrutar de vistas a la laguna.

■ AQUA PALACE

€€€€€

CALLE DELLA MALVASIA 5492

TELF. 041 296 0442

aquapalace.it

Esta pequeña joya cuenta con amplias habitaciones ricamente decoradas. Reproducción de la Venecia del siglo XVI, las habitaciones cuentan con muebles antiguos de maderas preciosas y artesanía oriental. El desayuno es excelente y ofrece muchas opciones, el personal es cortés e informado.
9, más 6 suites y 9 junior suites *Rialto*
Visa, MasterCard, American Express

■ LONDRA PALACE

€€€€€

RIVA DEGLI SCHIAVONI 4171

TELF. 041 520 0533

londrapalace.com

Este palacio de cuatro estrellas domina la laguna y varias habitaciones ofrecen magníficas vistas. El hotel está decorado con muy buen gusto, con muebles Biedermeier, suntuosas telas y finos acabados; las *suites* tienen lujosos cuartos de baño de mármol. El personal es muy atento y merece la pena pedir una habitación con balcón, para disfrutar de las vistas al atardecer con una última copa de vino.
52, incluidas las suites *San Zaccaria*
Principales tarjetas

■ LIASSIDI PALACE

€€€€-€€€€€

PONTE DEI GRECI 3405

TELF. 041 520 5658

liassidipalacehotel.com

Un encantador hotel de cuatro estrellas en lo que fue un palacio gótico. Situado cerca del Puente dei Greci, se encuentra en un rincón inusualmente tranquilo de Castello, con vistas a uno de los canales menos conocidos. Las habitaciones tienen un mobiliario diferente y sofisticado, quizá menos suntuoso que otras, pero no por ello menos encantador. El personal es amable y el hotel es limpio y confortable.
26 *San Zaccaria*
Principales tarjetas

■ CA' DEI DOGI

€€€€

CORTE SANTA SCOLASTICA 4242

TELF. 041 241 3751

cadeidogi.it

Cerca del Puente de los Suspiros, este pequeño palacio ofrece una selección excelente. Las habitaciones son modernas y elegantes. El personal es muy servicial y está bien informado.
6 habitaciones, más 3 apartamentos *San Zaccaria*
Principales tarjetas

■ HOTEL SANT'ANTONIN

€€€€

FONDAMENTA FURLANI 3299

TELF. 041 523 1621

antoninvenice.com

Pequeño hotel con sutil encanto, con mobiliario de época y baños modernos. Sirven desayunos abundantes y hay un hermoso jardín para relajarse a cualquier hora del día. El hotel dispone de dos *suites* con balcón privado, una con vistas al jardín y la otra al canal.

13, incluidas 2 junior suites
San Zaccaria
Principales tarjetas

■ CASA NICOLÒ PRIULI

€€€

CASTELLO 4984/5

TELF. 041 296 0639

casanicolopriuli.com

Un hotel tranquilo en uno de los canales menos frecuentados, cerca de la Iglesia de San Zaccaria. Todas las habitaciones están amuebladas con muebles de finales del siglo XIX y finos terciopelos; algunas dan al canal y tienen terraza privada. En verano, el desay uno se sirve en un bonito patio arbolado. *15*
San Zaccaria
Principales tarjetas

■ PALAZZO VITTURI

€€€

CAMPO SANTA MARIA FORMOSA 5246

TELF. 041 241 0856

palazzovitturi.com

Un encantador hotel de tres estrellas a un precio razonable, en lo que originalmente era un palacio gótico-bizantino. Las amplias salas tienen techos altos, típicamente venecianos. Algunas conservan las decoraciones originales de estuco y tienen espléndidos techos con vigas. Previa solicitud, el desayuno se puede servir en la habitación sin coste adicional, en el balcón o en la terraza cercana.
16 de las cuales 1 suite y 3 junior suites *San Zaccaria, Rialto*
Principales tarjetas

CANNAREGIO

Es uno de los mejores *sestieri* donde alojarse si prefieres una parte más tranquila y menos concurrida de Venecia. Cerca del **Gueto judío** (ver págs. 102-103) y de los animados paseos de **Fondamenta della Misericordia** (ver págs. 96-97) y Fondamenta degli Ormesini, donde se pueden encontrar clubes y restaurantes característicos donde pasar la noche, el barrio también es muy conveniente por su proximidad a Piazzale Roma y la estación de tren.

■ AL PONTE ANTICO

€€€€€

CALLE DELL'ASEO 5768

TELF. 041 241 1944

alponteantico.com

Pequeño y acogedor, Al Ponte Antico es un hotel con encanto. Las siete habitaciones son elegantes y espaciosas; decoradas en estilo Luis XV, tienen las paredes cubiertas con papel pintado de época. Otra joya es la terraza sobre el Gran Canal, con vistas al barrio de Rialto. Una estancia aquí te hará sentir como de la realeza.
7 *Rialto*
Principales tarjetas

■ PALAZZO ABADESA

€€€€

CALLE PRIULI 4011

TELF. 041 241 3784

abadessa.com

Este refinado hotel ocupa una antigua embajada. En una ubicación céntrica perfecta, ofrece la tranquilidad de un hermoso jardín en un patio privado, un lugar ideal para relajarse con un *prosecco.* Las habitaciones son muy elegantes, amuebladas en estilo de época, con lámparas de cristal de Murano, muebles antiguos y cuadros.
15 *Ca' d'Oro*
Visa, MasterCard, American Express

■ ARCADIA BOUTIQUE HOTEL

€€€

RIO TERÀ S. LEONARDO 1333

TELF. 041 717 355

hotelarcadia.net

En este encantador hotel, las habitaciones están decoradas con gusto con telas y papeles pintados venecianos que les dan un aspecto clásico en armonía con la modernidad y la elegancia. Las habitaciones son espaciosas y es muy fácil llegar a la estación desde aquí. Lo único que hay que tener en cuenta es que el hotel está situado en una calle muy transitada, lo que podría resultar ruidoso.
17 *San Marcuola-Casinò*
Principales tarjetas

■ HOTEL ANTICO DOGE

€€€

CANNAREGIO 5643

TELF. 041 779 9990

anticodoge.com

Un hotel que ofrece el encanto veneciano de algunos de los hoteles más exclusivos pero a un precio razonable. Las habitaciones son de varios tamaños, amuebladas al estilo clásico veneciano. El hotel goza de una fantástica ubicación

CONSEJOS DE VIAJE

frente al Campo dei Santi Apostoli, aunque por las noches puede esperarse algo de bullicio.
20 Ca' d'Oro, Rialto
Principales tarjetas

■ VILLA ROSA HOTEL

€€€

CALLE PESARO 389

TELF. 041 716 569

villarosahotel.com

Excelente hotel económico cerca de Piazzale Roma y del ultramoderno Puente de la Constitución de Calatrava (ver pág. 96). Las habitaciones son cómodas, algunas están decoradas en estilo veneciano de época y el personal es muy servicial.
33 Ferrovia
Principales tarjetas

SAN POLO

San Polo es uno de los *sestiere* más antiguos de Venecia y está situado geográficamente en el centro de la ciudad. Ubicarse en este barrio es perfecto para visitar las principales atracciones, incluido el **Mercado de Rialto** (ver págs. 114-115), la **Escuela Grande de San Rocco** (ver págs. 122-125) y la **Basílica de Santa Maria Gloriosa dei Frari** (ver págs. 120-121). Hay un buen número de tiendas, muchos restaurantes y una animada vida nocturna. Esta zona es ideal para quienes visitan Venecia por primera vez y para viajeros conscientes de su presupuesto.

■ AMAN VENICE

€€€€€

CALLE TIEPOLO 1364

TELF. 041 270 7333

aman.com

En lo más alto de la escala del lujo y la elegancia, este hotel es famoso por haber sido elegido por George Clooney para su noche de bodas. Adquisición relativamente reciente –abrió en 2013–, el antiguo palacio del siglo XVI cuenta con veinticuatro habitaciones (cada una decorada en un estilo diferente), elegantes *suites* de diseño, dos jardines y barcos privados. La espléndida fachada sobre el Gran Canal estuvo decorada en su día con frescos de Paolo Veronés.
24 San Silvestro
Principales tarjetas

■ HOTEL L'OROLOGIO VENEZIA

€€€€

RIVA DE L'OGIO 1777

TELF. 041 272 5800

hotelorologiovenezia.com

Muy recomendado por todos los que se han alojado aquí, está situado en un palacio con vistas al Gran Canal, a solo 5 min a pie del Puente de Rialto. El hilo conductor de los elementos decorativos y ornamentos es la alta relojería. Las habitaciones son modernas, espaciosas y elegantes, y están insonorizadas para garantizar la tranquilidad. También hay un bonito bar-terraza donde los huéspedes pueden relajarse y disfrutar de las vistas de la ciudad.
43, más 2 apartamentos y 6 habitaciones en un edificio cerca
Rialto Mercato
Principales tarjetas

■ ANTICA LOCANDA STURION

€€€

CALLE DEL STURION 679

TELF. 041 523 6243

locandasturion.com

Si observas el cuadro del siglo XV de Bellini *Milagro de la cruz en el puente de San Lorenzo*, que representa esta zona, verás que este hotel ya existía. El Sturion, de tres estrellas, es uno de los hostales más antiguos. Situado en el último piso de un edificio con vistas al canal, dispone de habitaciones decoradas con gusto y una hermosa vista del Puente de Rialto.
11 San Silvestro
Principales tarjetas

■ PENSIONE GUERRATO

€€

CALLE DRIO LA SCIMIA 240/A

TELF. 041 522 7131

hotelguerrato.com

Ideal si buscas una zona de la ciudad que ofrezca una animada vida nocturna. Hay varios bares cerca que cierran tarde, por lo que la zona puede ser ruidosa al anochecer, pero no es un problema si te unes a la multitud. Moderno y confortable, este hotel es una buena opción económica.
20, más 3 apartamentos
Rialto Mercato
Visa, MasterCard, American Express

■ RIALTO 1082 B&B

€€

CALLE LUGANEGHER 1082

TELF. 041 241 0164

rialto1082.com

Un pequeño y excelente B&B de varias plantas en el corazón de Rialto, convenientemente ubicado junto a la parada del *vaporetto* de San Silvestro. Alojarse aquí es una experiencia muy especial. El propietario es amable y acogedor, las habitaciones insonorizadas son limpias, grandes y cómodas y los desayunos son legendarios. El precio es genial para la ubicación.

3 *San Silvestro*

Visa, MasterCard, American Express

SANTA CROCE

Situado cerca de Piazzale Roma, el *sestiere* de Santa Croce es perfecto para quienes lleguen en autobús o en coche: los traslados al hotel serán muy fáciles. Un buen número de alojamientos ofrecen vistas al Gran Canal, pero sin el ajetreo de las vías principales. También hay muchos hoteles en las tranquilas calles laterales, para quienes deseen conocer el lado menos turístico de Venecia. Este barrio es ideal para visitar numerosas iglesias y museos, en particular **Ca' Pesaro** (Galería Internacional de Arte Moderno, ver págs. 116-117), **Palacio Mocenigo** (ver pág. 117), y el **Fondaco dei Turchi** (Museo de Historia Natural, ver pág. 49).

■ PALAZZO GIOVANELLI

€€€€€

CAMPO SAN STAE 2070

TELF. 041 525 6040

hotelpalazzogiovanelli.com

Este lujoso hotel tiene vistas al Gran Canal y a la Iglesia de San Stae; Ca' Pesaro está a la vuelta de la esquina. A pesar de estar cerca de las principales atracciones de Venecia, los únicos ruidos llegan desde el apacible jardín de la entrada, con el tañido de las campanas de la iglesia y el sonido de los barcos que pasan bajo las ventanas. Una entrada lateral permite el acceso en góndola o taxi privado.

41 (nuevas categorías de habitaciones disponibles) *San Stae*

Principales tarjetas

■ RESIDENZA D'EPOCA SAN CASSIANO

€€€€-€€€€€

CALLE DEL ROSA 2232

TELF. 041 524 1768

sancassiano.it

Este hotel, que fue residencia de Giacomo Favretto, uno de los más grandes pintores venecianos del siglo XIX, está situado junto al Gran Canal, no lejos del Mercado de Rialto. Las salas comunes y el balcón del segundo piso con vistas al canal te harán sentir como un embajador de visita. Las habitaciones, pequeñas pero perfectamente adecuadas, presentan un mobiliario elegante al más puro estilo veneciano, con cálidos tonos rojos y dorados. El servicio es de primera.

36, más 6 suites *San Stae*

Principales tarjetas

■ CA' NIGRA LAGOON RESORT

€€€€

RIVA DE BIASIO 927

TELF. 041 524 2790

hotelcanigra.com

Un pequeño y encantador hotel con amplias habitaciones y *suites* de época. La ubicación es tranquila y fácilmente accesible desde la estación de tren o en barco. Ubicado en un palacio histórico, el edificio está decorado al estilo del siglo XVIII, con suntuosa decoración, muebles antiguos y elementos arquitectónicos originales. Algunas de las habitaciones dan a uno de los jardines más bellos de Venecia, con vistas al canal.

22 *Riva de Biasio*

Principales tarjetas

■ PALAZZO MARCELLO HOTEL AL SOLE

€€€

SANTA CROCE 134-136

TELF. 041 244 0328

alsolehotels.com

Este encantador hotel está situado en el espléndido Ca' Marcello del siglo XVI, en una de las zonas con vistas al canal con más encanto. La fachada, el vestíbulo y el jardín son preciosos. Las habitaciones se han renovado por completo, aunque conservan algunos toques de época. La ubicación es muy conveniente para Piazzale Roma y Campo Santa Margherita.

51 Piazzale Roma

Principales tarjetas

DORSODURO

Para los amantes del arte, Dorsodoro es el *sestiere* ideal donde alojarse. Aquí se encuentran la **Colección Peggy Guggenheim** (ver pág. 135) y las **Galerías de la Academia** (ver págs. 140-143), así como varias pequeñas galerías de arte repartidas por las calles de los alrededores. No muy lejos se encuentra **Campo Santa Margherita** (ver pág. 139), uno de los centros neurálgicos de la vida nocturna veneciana, con sus clubes abiertos hasta altas horas de la noche.

■ PALAZZO STERN

€€€€€

DORSODURO 2792/A
TELF. 041 2770869
palazzostern.it

Espléndido hotel con preciosas vistas al Gran Canal. El palacio del siglo XVI ha sido restaurado, conservando sus características originales y con atención a las necesidades modernas. La terraza con vistas al canal es un lugar perfecto para desayunar y contemplar el despertar de la ciudad ante tus ojos. Tras un día de turismo, podrás disfrutar de un *prosecco* en el *jacuzzi* exterior de la azotea. El personal estará dispuesto a satisfacer todas tus necesidades con extrema cortesía.

24, incluidas 1 suite y 6 junior suites *Ca' Rezzonico*

Principales tarjetas

■ SINA CENTURION PALACE

€€€€€

DORSODURO 173
TELF. 041 34281
sinahotels.com

Por fuera, este hotel es de estilo veneciano antiguo, con su fachada gótica, pero una vez dentro, la decoración es moderna, con colores vivos y mobiliario contemporáneo, que contrasta con la parte más antigua de Venecia en la que se encuentra. Excelente alojamiento para los amantes del arte; hay muchas galerías en la zona y la Colección Peggy Guggenheim está a un corto paseo. Las habitaciones varían en tamaño, algunas tienen pequeñas terrazas, otras dan al Gran Canal. Visita la página web para descubrir las distintas habitaciones y elige la que prefieras antes de reservar.

50, incluidas 4 suites y 8 suites junior *Salute*

Principales tarjetas

■ BOUTIQUE HOTEL CA' PISANI

€€€€-€€€€€

RIO TERÀ FOSCARINI 979/A
TELF. 041 240 1411
capisanihotel.it

Precioso hotel en una posición tranquila y encantadora, cerca de las Galerías de la Academia. Primer «hotel de diseño» de la ciudad, ofrece habitaciones equipadas con todas las tecnologías modernas, manteniendo un característico estilo *art déco* en el mobiliario original de los años 30 y 40. Es posible reservar habitaciones especialmente equipadas para discapacitados. El hotel dispone de bar y restaurante, y los huéspedes pueden hacer uso de la terraza solárium y el baño de vapor.

29, incluidas 6 suites

Accademia, Zattere

Principales tarjetas

■ HOTEL PAUSANIA

€€€-€€€€

DORSODURO 2824
TELF. 041 522 2083
hotelpausania.it

El Pausania fue en su día un palacio privado situado en un tranquilo canal lateral. La entrada conserva la escalinata de mármol y la escalera exterior originales, mientras que la fachada conserva una de las ventanas góticas originales. Aunque está situado entre Campo Santa Margherita y Campo San Barnaba, goza de una posición sorprendentemente tranquila.

24 *Ca' Rezzonico*

Visa, MasterCard, American Express

ISLAS

A pocos minutos en ferri del centro de la ciudad, Giudecca, Murano, Torcello y Lido ofrecen una amplia gama de alojamientos. Las islas suelen estar menos masificadas que los *sestieri* de Venecia. Si buscas un hotel más barato, prueba con Giudecca; para el máximo lujo, elige Lido, el destino ideal para las playas en los meses de verano. Algunos hoteles de las islas cierran en invierno.

■ BELMOND HOTEL CIPRIANI

€€€€€

GIUDECCA 10

TELF. 041 240 801

belmond.com

El Cipriani es un auténtico oasis de lujo en la punta de Giudeca, con exuberantes jardines, pista de tenis, piscina de agua de mar filtrada y climatizada y amplias terrazas con vistas a la laguna. Podrás alojarte en elegantes *suites* con vistas a la Plaza San Marco o a los hermosos jardines del hotel. Tras un día de turismo, podrás relajarte en un centro de bienestar rodeado de vegetación. El servicio es impecable y el personal atento a todas las necesidades.

79, incluidas las suites

Zitelle

Principales tarjetas

■ HOTEL EXCELSIOR

€€€€€

LUNGOMARE MARCONI 41, LIDO

TELF. 041 526 0201

hotelexcelsiorvenezia.com

A principios del siglo xx, el Excelsior fue uno de los primeros hoteles europeos en poner de moda un mes de vacaciones en la playa. Todavía elegante y a la moda, ofrece todo lo que se puede desear, incluida una playa privada. A principios de septiembre se convierte en la base de las estrellas de cine y los periodistas que acuden a Lido con motivo del Festival de Cine.

197 *Lido*

Principales tarjetas

■ MURANO PALACE

€€€-€€€€

FONDAMENTA DEI VETRAI 77, MURANO

TELF. 041 739 655

Con vistas al Rio dei Vetrai, el Murano Palace no podría tener mejor ubicación. Este hotel dispone de seis habitaciones, cuatro de las cuales dan al canal. Todas están amuebladas con preciosos tejidos venecianos y brillantes lámparas de araña fabricadas por los propios propietarios del hotel.

6 *Murano*

Principales tarjetas

■ LOCANDA CIPRIANI

€€€

PIAZZA SANTA FOSCA 29, TORCELLO

TELF. 041 730 150

locandacipriani.com

Con su elegancia rústica, ha acogido a casi todos los famosos que han pasado por Venecia en el último siglo, desde Hemingway a la reina Isabel II, pasando por decenas de estrellas de Hollywood. Las habitaciones no son grandes pero están amuebladas con gusto y en invierno arde un fuego en la chimenea del vestíbulo. El ambiente mágico de Torcello, con su tranquilidad de antaño, se refleja perfectamente en este hotel.

5 *Torcello*

Visa, MasterCard, American Express

VILLA MABAPA

€€€

RIVIERA SAN NICOLÒ 16, LIDO

TELF. 041 526 0590

villamabapa.com

Villa Mabapa, una residencia privada construida a fines de la década de 1920, conserva sus características originales de *art nouveau*. Las habitaciones tienen muebles sencillos y contemporáneos, algunas con vistas a los hermosos jardines del hotel. Gestionado por cuatro generaciones de la misma familia, el complejo hotelero incluye también Villa Morea y Casa Pradel, situadas en las cercanías. Dispone de un restaurante con especialidades venecianas.

60 *Santa Maria Elisabetta*

Principales tarjetas

■ AL REDENTORE DI VENEZIA

€€-€€€

FONDAMENTA PONTE LUNGO 234/A, GIUDECCA

TELF. 041 241 0253

alredentoredivenezia.com

Este hotel ofrece elegantes apartamentos a pocos pasos de las principales atracciones de Giudecca, entre ellas el Museo de Arte Moderno de Punta della Dogana y la Basílica de Santa Maria della Salute. De estilo contemporáneo, con muebles de diseñadores venecianos. Todas tienen baños de travertino.

8 *Redentore*

Principales tarjetas

CONSEJOS DE VIAJE

ÍNDICE

Los números de página en cursiva indican los mapas.

CRÉDITOS

Autores

Joe Yogerst y Gillian Price

Con textos adicionales de: Helen Douglas-Cooper, Lisa Gerard-Sharp, Reg G. Grant y Clare O'Connor

créditos fotográficos

a = arriba; b = abajo; i = izquierda; d = derecha; c = centro

2-3 Ben Southgate; **4** Matthew Carassle/SIME/4Esquinas; **5ad** Vadim Petrakokov/Shutterstock; **5cd** Delpixel/Shutterstock; **5bi** Tesoro di San Marco/Bridgeman Images; **6** Olimpio Fantuz/SIME/4Corners; **9** Matthias Scholz/Alamy; **12-13** Luca Da Ros/SIME/4Corners; **14tm** Ian Armitage **14b** Peter Fosberg/Alamy; **15** Cameraphoto Arte Venezia/Bridgeman Images; **17** Yulia Grioryeva/Shutterstock; **18** mikecphoto/Shutterstock; **19ad** Vladimir Daragan/Shutterstock; **19bd** Ian Armitage; **21** JOHN KELLERMAN/Alamy; **22** Piere Bonbon/Alamy; **23ad** LOOK Die Bildagentur der Fotografen GmbH/Alamy; **23b** The Art Archive/Alamy; **24** © Peggy Guggenheim Collection; David Head; **26a** Música en el Palacio; **26bi** Cóctel Bellini, Bar Longhi, The Gritti Palace, Luxury Collection Hotel; **27** anastasia buinovska/Shutterstock; **29** Ian Armitage; **30ai** Geoffrey Taunton/Alamy; **30ad** Matthias Scholz/Alamy; **30bi** Etabeta/Alamy; 31**como** hwo/imageBROKER/Superstock; **31ad** Picavet/Getty Images; **31cd** Karl F. Schöfmann/imageBROKER/Superstock; **31bd** Shutterstock; **33** Isra Suvachart/Shutterstock; **34** gab90/Shutterstock; **35ar** jozef sedmak/Alamy; **35bd** age photostock/Alamy **36** Johanna Huber/SIME/4Corners; **38am** Arcángel Piai/SIME/4Corners; **38b** Piere Bonbon/Alamy; **39ar** Olena Kachmar/123rf.com; **39bd** Arcángel Piai/SIME/4Corners; **41** REDA &CO srl/Alamy; **42** David Angel/Alamy; **43a**r Mauro Vianello/glasshandmade.com; **43bd** Marco Secchi/Getty Images; **44** LOOK Die Bildagentur der Fotografen GmbH/Alamy; **46** VizioVirtù Cioccolateria (www.viziovirtu.com); **47ac** Matthias Scholz/Alamy; **47bd** Jan Wlodarczyk/Alamy; **49** robert harding/Superstock; **50-51** Günter Gräfenhain/4Corners; **54** Maurizio Rellini/SIME/4Corners; **56** Marc Funda **57** De Agostini Picture Library/G; Dagli Orti/Bridgeman Images; **58** Yamagiwa/Shutterstock; **61** lazyllama/Shutterstock; **63** cortesía de DFS; **64** Marc Funda; **66** Guido Cozzi/SIME/4Corners; **68** Tesoro di San Marco/Bridgeman Images; **69** Museo Pushkin, Moscú/Bridgeman Images; **70** Villa Barbarigo, Noventa Vicentina/Bridgeman Images; **71** Johanna Huber/SIME/4Corners; **73** Jorge Royan/Alamy; **74** Radu Razvan/Shutterstock; **76al** Photoservice Electa/Universal Images Group/Superstock; **76b** Rolf E. Staerk/Shutterstock; **77a**l Ian Armitage; **77ar** Vadim Petrakov/Shutterstock; **78** Cristiano Fronteddu/Alamy; **81** Photoservice Electa/Universal Images Group/Superstock; **83** Lucian Milasan/Shutterstock; **84** National Geographic Creative/Alamy; **86** Imágenes de la Historia/Bridgeman Images; **87** Museo Correr/Bridgeman Images; **89** Jan S./Shutterstock; 91 LYSVIK PHOTOS/Shutterstock; **92** Rolf E. Staerk/Shutterstock; **94** Petr Jilek/Shutterstock; **95** RnDmS/Shutterstock; **97** Matthias Scholz/Alamy; **99** Ben Southgate; **100** T.C. Bird; **101** Renata Sedmakova/Shutterstock; **102** Marco Secchi/Getty Images; **104** © Sarah Quill/Bridgeman Images; **105** Royal Collection Trust © Su Majestad la Reina Isabel II, 2016/Bridgeman Images; **107** Marco Secchi/Getty Images; **108** Arcangelo Piai/SIME/4Corners; **110** Hemis/Alamy; **112a**l Guido Baviera/SIME/4Corners; **112b** Ian Armitage; **113** Imagno/Getty Images; **115** Arcángel Piai/SIME/4Corners; **116** bepsy/Shutterstock; **119** JOHN KELLERMANN/Alamy; **120** age photostock/Alamy; **122** imageBROKER/Alamy; **124** Mondadori Portfolio/Getty Images; **125** Mondadori

CRÉDITOS

Portfolio/Getty Images; **126** mountainpix/Shutterstock; **127** Matteo Carassale/SIME/4Corners; **129** Delpixel/Shutterstock; **130** Sabine Lubenow/Alamy; **132** Hemis/Alamy; **133** Marco Secchi/Getty Images; **133ar** Ben Southgate; **134** Marc Funda; **136** Sólo Fabrizio/Shutterstock; **139** Guido Baviera/SIME/4Corners; **140** maziarz/Shutterstock; **142-143** Gallerie dell'Accademia/Bridgeman Images; **144** San Pantalon/Bridgeman Images; **145** Galería de la Academia/Bridgeman Images; **146** Santa Maria Gloriosa dei Frari/Bridgeman Images; **147** Palacio Ducal/Bridgeman Images; **149** Dave Zubraski/Alamy; **150** Ioan Florin Cnejevici/Shutterstock; **152** T.C. Bird; 153**ar** age photostock/Superstock; **153bd** Eye Ubiquitous/Superstock; **155** Guido Bavaria/SIME/4Corners; **156** age Photostock/Superstock; **159** De Agostini Picture Library/G. Dagli Orti/Bridgeman Images; **160** liko Iliev/Shutterstock; **162** Museo Nacional del Bargello, Florencia/Bridgeman Images; **163** Verrerie/Bridgeman Images; **164** Fototeca De Agostini/Bridgeman Images; **165** De Agostini Picture Library/Bridgeman Images; **167** Stock Connection/Superstock; **168** taniavolobueva/Shutterstock; **170-171** PHOTOMDP/Shutterstock.

CRÉDITOS

Fundada en 1888, la National Geographic Society ha financiado más de 14.000 proyectos de investigación, exploración y conservación en todo el mundo. La National Geographic Society está financiada por National Geographic Partners, LLC y, también, gracias a vuestros apoyo. De hecho, parte de los ingresos derivados de la compra de este libro están destinados a sostener la importante misión de la National Geographic Society.
Para saber más visita la web **natgeo.com/info**
Desde 2001, National Geographic vincula su nombre a Edizioni White Star, que edita y distribuye la edición italiana de las guías y obras más prestigiosas.

Publicado por National Geographic Partners, LLC.

Traducción: Ormobook

© 2025 White Star s.r.l.
Piazzale Luigi Cadorna, 6 - 20123 Milano, Italia
www.whitestar.it

Licenciatario de National Geographic Partners, LLC.

ISBN 978-88-540-5780-5840-8
1 2 3 4 5 29 28 27 26 25

Impreso en Polonia